9 HÁBITOS para DOCENTES EFICACES

•••

JACQUIE TURNBULL

Título original: *9 Habits of Highly Effective Teachers. A Practical Guide to Empowerment*
Continuum International Publishing Group
The Tower Building, 11 York Road London SE1 7NX
80 Maiden Lane, Suite 704, New York, NY 10038
© Jacquie Turnbull, 2007

Turnbull, Jacquie
9 hábitos para docentes eficaces - 2ª ed. - Buenos Aires : Bonum, 2013.
272 p. ; 22x15 cm. - (Ideas para... / Julio César Labaké)

Traducido por: María Paula Cañón
ISBN 978-987-667-024-1

1. Formación Docente. I. María Paula Cañón, trad. II. Título
CDD 371.1

Director del Departamento de Educación: Dr. Julio César Labaké

Traducción: Paula Cañón
Edición: María Soledad Gomez
Corrección: H. Elías Botella
Diseño interior y de cubierta: Natalia Siri

© Editorial Bonum, 2013
Av. Corrientes 6687 (C1427BPE)
Buenos Aires - Argentina
Tel./Fax: (5411) 4554-1414
ventas@editorialbonum.com.ar
www.editorialbonum.com.ar

Queda hecho el depósito que indica la Ley 11.723
Todos los derechos reservados

No se permite la reproducción parcial o total, el almacenamiento, el alquiler, la transmisión o la transformación de este libro, en cualquier forma o en cualquier medio, sea electrónico o mecánico, mediante fotocopias, digitalización u otros métodos, sin el permiso previo y escrito del editor. Su infracción está penada por las Leyes 11.723 y 25.446.

Impreso en Argentina
Es industria argentina

ÍNDICE

5 Agradecimientos

7 **Introducción:**
De qué trata este libro y cómo utilizarlo

25 **Parte I:**
Lograr tus propósitos
27 **Hábito 1:** Pensar por ti mismo
51 **Hábito 2:** Establecer la base de un desempeño con confianza
79 **Hábito 3:** Tomar medidas contra el estrés
107 **Hábito 4:** Tomarte tu tiempo

137 **Parte II:**
Comprometerse con los otros
139 **Hábito 5:** Establecer una comunicación creativa
167 **Hábito 6:** Escucha atenta
191 **Hábito 7:** Practicar las conductas influyentes

215 **Parte III:**
Propagar la influencia
217 **Hábito 8:** Influir en conductas de liderazgo
239 **Hábito 9:** Propagar la influencia

267 Conclusión general

269 **Apéndice 1:**
Presuposiciones de la Programación Neurolingüística
271 **Apéndice 2:**
Zona de confort de pensamiento único

Agradecimientos

Escribir este libro me ha recordado la antigua metáfora del plomero y el martillo, que cuenta cómo este plomero pidió 50 euros por un trabajo que implicaba golpear una cañería con un martillo. Cuando el cliente le cuestionó el precio, el plomero le envió una factura mucho más detallada:

Por golpear la cañería con un martillo: 5 euros
Por saber dónde golpear: 45 euros

El tiempo dedicado a escribir este libro, en perspectiva, no ha sido largo; "saber dónde golpear" ha requerido la experiencia de toda una vida, experiencia adquirida durante muchos años de enseñanza y capacitación, de dar conferencias y aprender y participar en los roles de directora de escuela y universidad, y como miembro del Consejo General de Enseñanza de Gales. Tan mezclado está todo en la bolsa de mi experiencia docente que siempre he sufrido cierta timidez al tener que describir mi vida de trabajo como una "carrera". El término implica una suerte de progresión intencional, que no condice con la forma en que siempre me he visto llevada a diferentes experiencias. A menudo he sentido que sería mucho más adecuado describir mi vida de docencia como una manta de retazos.

Así pues, frente a la eventualidad de tener que agradecer a toda la gente que ha contribuido para que yo "supiera dónde golpear", comencé a hacer una lista. Hubo personas que durante años fueron mentores y me enseñaron y entrenaron. Hubo colegas de quienes aprendí lecciones valiosas y alumnos que me enseñaron algo sobre aprender. Hubo colegas que también se convirtieron en amigos, con quienes me sentí cómoda para explorar ideas. Cuando tuve que escribir este libro, hubo quienes leyeron mis primeros borradores y me hicieron sugerencias valiosas sobre cómo mejorarlo. Hubo personas que nombré, cuyas experiencias me permitieron ilustrar los hábitos. Hubo quienes ayudaron en las pruebas de corrección y en los procesos técnicos de la producción de los diagramas. También participó mi sufrida familia soportando que dejáramos nuestra vida en suspenso, e incluso me alentaron.

Así que he llegado a la conclusión de que sólo mencionar a toda la gente que ha contribuido llevaría un capítulo entero y yo correría el riesgo de ofender a alguien dejándolo afuera. Aunque he puesto mucha dedicación para ser escrupulosa en el reconocimiento de las fuentes de información, también debo admitir que, con todo lo aprendido a lo largo de una extensa carrera, es posible que haya incorporado algunos aspectos en mi propio aprendizaje olvidando la fuente original.

Así que, estimado lector, si reconoces tu influencia en estas páginas, espero que te incluyas en estos agradecimientos generales y aceptes mi sincero y cordial "muchas gracias".

Introducción

De qué trata este libro y cómo utilizarlo

"Lo único cierto es que nos rodea mucha incertidumbre."[1]

Enseñar en el siglo XXI

Cuando se produjo el primer encuentro del Consejo General de Educación para Gales, en septiembre de 2000, un compañero miembro del Consejo comentó: "Hoy nos convertimos en una profesión". Realmente, aquellos de nosotros que participábamos ese día teníamos la sensación de que se trataba de una ocasión memorable. Por primera vez, la enseñanza tenía su propio cuerpo profesional para asegurar los parámetros en la profesión y promover su lugar en la sociedad en general.

Como ocupación, la enseñanza siempre ha tenido menos peso e influencia que otros jugadores importantes en el campo profesional, como el derecho y la medicina. Junto con la enfermería y el trabajo social, la enseñanza ha sido categorizada como una "semi" profesión, en vez de identificársela como un grupo en posesión de un conocimiento intelectual o científico especial y de la posición para influir en la sociedad.[2] Y, ciertamente, durante la última mitad del siglo XX, la enseñanza fue foco de crítica e interferencia como nunca antes. En el Reino Unido, los últimos veinte años asistieron a la presentación de veinte leyes educativas, que introdujeron diversos cambios, como un plan de estudios nacional, que engendró una corriente de requisitos preceptivos sobre la profesión docente. En Inglaterra se sanciona lo que podemos llamar una vergüenza pública cada vez que las escuelas no logran estar a la altura de las inspecciones de Ofsted (*Office for Standards in Education, Children's Services and Skills*) y cuando se publican en los periódicos estadísticas que miden el desempeño de las escuelas.[3] Sin embargo, los maestros del Reino Unido no deben sentirse los únicos en esta situación: existen formas similares de escrutinio de la enseñanza estatal en Australia, Estados Unidos y Nueva Zelanda.[4]

La enseñanza no es la única profesión que sufre las presiones del escrutinio y el interés público. En este comienzo del siglo XXI, todas las profesiones se encuentran bajo una mirada social crítica, donde temas como los parámetros, la responsabilidad y la calidad del servicio están abiertos a todo tipo de examen.[5] Y en la docencia también tenemos que ocuparnos de la persistente percepción pública sobre qué implica una "buena" educación, la cual frecuentemente incluye la imagen de los docentes frente a clases obedientes y atentas, entregándoles su conocimiento experto.

También tenemos que ocuparnos de la explosión de conocimiento en el nuevo siglo. Esto nos afecta a todos, por supuesto, pero existen presiones adicionales para quienes trabajan en servicios públicos. En primer lugar, además de que se exige más trabajo, la revolución de información conlleva la expectativa de que debemos ser capaces de dominar estos avances y, además, trabajar con más inteligencia. En segundo lugar, el acceso irrestricto y gratuito a la información de los medios y de Internet ha despertado la conciencia general del público, y esto, a su vez, ha elevado las expectativas de los servicios públicos y de quienes trabajan en ellos. Cuando estas expectativas no se cumplen, a menudo se da como resultado el desacuerdo, la disconformidad o la desilusión.

Cambiar los sentidos de "profesionalismo"

Entonces, a pesar de la confiada afirmación de mi colega en el encuentro inaugural del Consejo General de Enseñanza de Gales, queda la incertidumbre en torno a la posición "profesional" de la enseñanza. Y, en realidad, parte de esta incertidumbre tiene que ver con la interpretación misma de la palabra "profesional". Las palabras cambian su significado con el tiempo, y esto ciertamente se puede ver en este caso. Cien años atrás, ser profesional quería decir tener una posición en la sociedad, no sólo por poseer un volumen especial de conocimiento, sino también por tener una autoridad moral, que era reconocida y merecedora de respeto. Actualmente, cuando quizás hay agentes del Estado que se refieren a sí mismos como profesionales, los limpiadores de ventanas reclaman que ellos proporcionan un servicio profesional y los vendedores de autos usados celebran su código de práctica profesional,[6] no podemos sorprendernos de que el término desafíe el acuerdo general en cuanto a su significado.[7]

Por supuesto, los "antiguos" criterios que definían una profesión ya no son relevantes, porque la sociedad en la que vivimos es muy distinta. Al expandirse la "sociedad del conocimiento", ya ninguna profesión puede reclamar un cuerpo de conocimiento único y protegido. Ya no parece relevante poder actuar con un alto grado de autonomía, dado que en una sociedad más abierta se nos exige mayor responsabilidad. Y un nuevo aspecto que no figuraba antes es el requisito del desarrollo profesional continuo.

Los docentes que en la actualidad se encuentran en etapa de retiro de la profesión, seguramente tuvieron una experiencia inicial muy diferente de la de los profesores jóvenes de hoy en día. Después de recibirse, su desarrollo profesional era resultado de su propia experiencia tras la puerta cerrada de su clase. Comparen esto con la experiencia de un graduado en la actualidad. Tras obtener su título, un profesor recién recibido tendrá ahora que lograr el nivel de iniciación en su primer año, seguido por dos años de desarrollo profesional sostenido. En el siglo XXI, el aprendizaje continuo no sólo asegura el desarrollo profesional, sino que resulta, además, esencial para mantener el paso del veloz cambio social y de la expansión del conocimiento. No se puede esperar otra cosa cuando se estima que, de ahora en más, cada siete años el conocimiento se duplicará.[8]

Sociedad en cambio

No hay duda de que la complejidad de la vida en el siglo XXI, junto con los cambios sociales que están ocurriendo, ha impactado en el papel profesional de los docentes. En una importante reseña sobre preparación inicial para la enseñanza, se describen las distintas presiones existentes: la naturaleza cambiante del trabajo y del conocimiento en una "sociedad de la información", el impacto de las tecnologías de la información y la comunicación, la estructura de empleo cambiante de las escuelas, el creciente reconocimiento de la importancia de la práctica basada en la evidencia y la presión para elevar los niveles. Los autores han llegado a la siguiente conclusión: "Lo significativo de todas estas presiones es que aumentan progresivamente la complejidad de la enseñanza".[9]

Los cambios sociales afectaron todos los aspectos de la vida, no solamente la vida profesional de los docentes. Los sociólogos han estudiado los efectos de la explosión de conocimiento en las vidas cotidianas, y cómo los cambios en los roles familiares y laborales han llevado a la emergencia de una forma de sociedad nueva y cualitativamente definida. La conclusión es que, en el futuro, para ser capaces de sortear un mundo que cambia tan rápidamente, las personas necesitarán creatividad y habilidad para reaccionar de manera flexible ante nuevas situaciones, para hallar soluciones innovadores a problemas difíciles. Las personas deberán adaptarse con flexibilidad a interactuar con otros y deberán comunicarse en un plano tanto emocional como cognitivo. Para apañárselas con el desafío de la sociedad del siglo XXI, la gente necesitará mentes creativas y un yo complejo.[10]

Si como docentes queremos preparar a la futura sociedad para estos desafíos, debemos estar a la altura de ello nosotros mismos. Será necesario que desarrollemos nuestra capacidad para trabajar sin estrés en un ambiente complejo y exigente. Necesitaremos maximizar nuestro desarrollo personal y profesional. Deberemos generar capacidades para trabajar con distintos profesionales a fin de poder maximizar el potencial de quienes dependen de nuestra capacidad profesional.

Cómo los hábitos influyen en el desarrollo profesional

Los hábitos que aparecen en este libro son el punto desde donde creo que debe empezar a construirse un "nuevo" profesionalismo adecuado al siglo XXI. Existen aspectos del desarrollo personal que forman una base sólida para el desarrollo del saber profesional. Si queremos enfrentar los desafíos que se nos presenten, debemos aprender a trabajar "eficaz, abiertamente y con autoridad" con una amplia gama de compañeros.[11] Para ello, es necesario construir un repertorio de capacidades y habilidades que nos permitan ser los alumnos líderes de nuestra sociedad.

En cualquier etapa de su carrera docente, todos los profesores tendrán un código de conducta y parámetros profesionales que les proporcionen las líneas directrices para su práctica profesional. Este libro no pretende duplicar esto ni atravesarlas de ninguna manera. Más bien, se trata del "cómo hacerlo": cómo desarrollar el pensamiento y las conductas que te permitan alcanzar los parámetros profesionales necesarios.

Este libro tampoco se ocupa de las actividades de enseñanza en sí, aunque las ilustraciones y ejemplos están basados en docentes y los enfoques de su rol. Existen muchos libros sobre cómo enseñar y éste no es uno de ellos. Sin embargo, no se puede separar completamente el desarrollo personal del rol docente. Por lo tanto, lo que aprendas de este libro inevitablemente tendrá impacto en tu docencia. De la misma manera que el paradigma de la pedagogía es pasar *de enseñar a facilitar el aprendizaje*, descubrirás que las capacidades mejoradas de relacionarte virarán tu foco del rol como educador. El cambio implica pasar de ser el *sabio sobre el escenario* a ser un *guía que camina al lado*.[12]

Otra forma de considerar la relación entre el foco personal de este libro y el saber profesional de un docente aparece ilustrada en la Figura 1. Los investigadores de la calidad de trabajo en el sector público han sugerido que la calidad del servicio puede definirse por tres componentes.

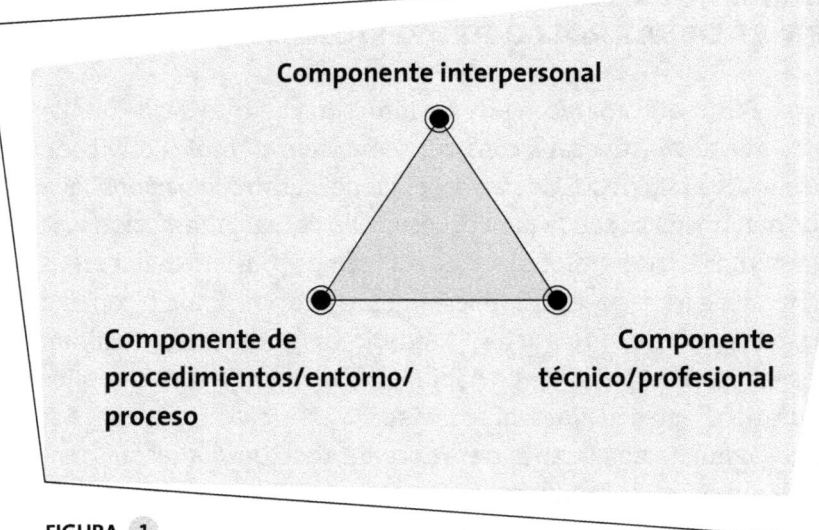

FIGURA 1
El triángulo del equilibrio de la calidad del servicio
Fuente: Morgan y Muryatroyd, 1994. (Reproducido con el permiso de Open University Press/McGraw-Hill Publishing Company.)

Los tres aspectos de la calidad pueden verse en diferentes percepciones del profesionalismo de un docente, como queda demostrado en entrevistas con alumnos. Cuando se les preguntan las razones de por qué aprenden más con algunos maestros que con otros, algunos responden: "Tienen voluntad de ayudarte individualmente" (interpersonal); otros dicen: "Conocen realmente su materia" (técnica); y otros piensan: "Hay control, sabes lo que se espera que hagas" (procedimientos/entorno). Sin embargo, lo importante es que el triángulo es equilátero, y el modelo supone un equilibrio entre los tres tipos de componentes para que se dé un buen servicio profesional.[13]

Una expresión de valores

Inevitablemente, son mis valores los que apuntalan el consejo práctico de este libro. La experiencia de muchos años de capacitación en desarrollo personal y aptitudes interpersonales, de docencia y de investigación me ha llevado a la misma conclusión: que el elemento "personal" del trabajo es crucial para la satisfacción de la tarea y para el éxito en general. Puedo comprender el análisis del filósofo que sugiere que, como seres humanos, entramos en dos tipos básicos de relación mutua: la funcional (que tiene un propósito como nuestro trabajo) y la personal (que no tiene otro propósito que permitirnos ser nosotros mismos). Ambas son necesarias, pero lo más importante es que la personal es la de mayor importancia de ambas: "Una eficiencia económica que se alcanza a costa de la vida personal es autocondenatoria, y termina siendo una frustración personal... lo económico es por el bien de lo personal".[14] Por supuesto, al mismo tiempo de que nuestras relaciones personales son tal vez lo más importante, necesitamos lo funcional (nuestra vida laboral) para que lo personal se vuelva real. Sin embargo, eso no quiere decir que la organización de nuestra vida laboral deba volverse más importante que nuestras relaciones personales. En vez de enfocar en lo que hace eficiente a una institución educativa y cómo mejorarla, debemos pensar en las escuelas como *comunidades centradas en la persona*. Esto es evidente en la investigación que deja claro que para la calidad de la enseñanza y el aprendizaje es necesario el equilibrio en la clase, un equilibrio entre relaciones sociales positivas, control y orden con una motivación y con aptitudes docentes variadas para presentar, explicar y brindar actividades de aprendizaje.[15] Hay que notar que este equilibrio depende del desarrollo personal y de las aptitudes interpersonales del profesor. Por lo tanto, en lugar de apuntar a organizaciones de alto rendimiento, la enseñanza debería entenderse y practicarse como una actividad personal y no una técnica.[16]

No sólo en la educación se está apartando el énfasis de la mejora en el desempeño de las organizaciones o "performatividad". Al igual que la vieja idea de "profesional" ya no se aplica, las ideas acerca de que las organizaciones deben ser estructuradas e impulsadas por la eficiencia ya no sirven más. Gareth Morgan (escritor sobre comportamiento organizacional) ha destacado: "Estamos dejando atrás la era de las organizaciones organizadas y avanzando hacia una era en la que la capacidad de comprender, facilitar y alentar procesos de autoorganización se ha convertido en una competencia clave".[17] Sin embargo, aunque estoy subrayando el elemento personal de la práctica profesional, no quiere decir que esté defendiendo un regreso a los aspectos más *laissez-faire* de los pedagogos "progresistas" de la década de 1970.[18] Por el contrario, creo que el enfoque que defiendo es un desafío y exigirá una inversión de tiempo y esfuerzo. Pero se trata de una inversión en desarrollo personal, que tendrá como resultado un "profesionalismo" adecuado a los tiempos complejos y veloces en los que vivimos. Es un intento de examinar el detalle del profesionalismo docente en forma positiva y con principios que sean flexibles, de naturaleza amplia e inclusiva.[19] Y es muy preferible a la alternativa, que es ver a los docentes reducidos a técnicos. Eso sería como quedar reducidos a "enseñar por números" o entregar por medio de otra persona paquetes, pautas y juicios prediseñados, cuidadosamente programados y cronometrados con precisión.[20] O, como lo expresó otro escritor, reducir a los docentes a cantantes de karaoke, que aprenden sólo a seguir la bola que rebota sobre el guión.[21]

De modo que los valores fundamentales que apuntalan este libro se relacionan con que el desarrollo personal y las mejores capacidades interpersonales son el punto de partida para un profesionalismo nuevo y *potenciado*. Este libro no trata sobre teorías o filosofía; más bien tiene el objetivo de ser una guía muy práctica para todos los maestros que quieren que su vida laboral sea algo más que actuar como agentes de políticas. Es un enfoque sobre la práctica reflexiva que aboga por trabajar sobre aspectos de desarrollo personal como medios para desarrollar nuestro profesionalismo docente. Como tal, es un enfoque amplio,[22] que sugiere que podemos desarrollarnos personalmente y en nuestras relaciones con otros, y alcanzar metas y objetivos docentes. Es un enfoque en las características profesionales que destaca las microcapacidades que incrementan el desempeño eficiente.

Asimismo, es un desafío para los profesores que miran más allá de las disciplinas de sus materias y los principios pedagógicos básicos. Son perspectivas estimulantes que pueden lograrse por medio de la investigación sobre el funcionamiento del cerebro, sobre cómo aprende y piensa la gente. Se puede aprender mucho a partir de modelos como la Programación Neurolingüística, el aprendizaje basado en el cerebro, la gimnasia cerebral, la inteligencia emocional. Para que la enseñanza pueda reclamar algún día un lugar como *la* profesión esencial, los docentes deben abrazar los avances en el conocimiento y desarrollar un conjunto de capacidades para cumplir su rol como agentes clave del cambio en la actual sociedad del conocimiento.[23] Porque los docentes altamente eficaces dan forma al aprendizaje, y estimulan así el aprendizaje en otros. Aprovechan completamente las ventajas de las prácticas docentes y de comunicación. Y los docentes altamente eficaces, además de ser fuertes en los dominios intelectuales y cognitivos, lo son también, y de una manera excepcional, en inteligencia emocional.[24]

Cómo usar este libro

He aquí los hábitos, las áreas de desarrollo de capacidades y conciencia que forman los ladrillos del profesionalismo. Los he agrupado en tres partes, uno sobre otro:
La Parte I se ocupa de la dirección de uno mismo. Quizá, siendo éste un libro sobre desarrollo personal, no resulte tan sorprendente que se trate de la parte más extensa.

Hábito 1: Pensar por ti mismo. Te alienta a pensar sobre lo que significa la docencia para ti y cómo te piensas en tu rol docente. Te introduce en el tema del pensamiento mismo —el potencial asombroso de tu cerebro—, y cómo puedes usar tu estilo de pensamiento propio para maximizar tu potencial.

Hábito 2: Establecer la base de un desempeño con confianza. Se focaliza en la expansión de tu capacidad para ver más, oír más y sentir más. Trata sobre ganar confianza en tu propio juicio intuitivo y desarrollar una flexibilidad de comportamiento que te permita responder creativamente a diferentes situaciones.

Hábito 3: Tomar medidas contra el estrés. Apunta a ayudarte a lidiar constructivamente con la tensión acumulada y sin resolver, tanto mental como física, que inevitablemente acompaña a una ocupación de alto nivel y carga de estrés. Es un seguro esencial contra los efectos dañinos a largo plazo del estrés negativo.

Hábito 4: Tomarte tu tiempo. También fundamental para manejar el estrés. Te ayuda a entender cómo tu comprensión personal del tiempo impacta sobre tu habilidad de manejar tu carga laboral con eficiencia. Además, es un hábito importante para alcanzar una vida laboral equilibrada, que resulta esencial para la salud y la felicidad.

La Parte II mueve el foco desde tu persona hacia cómo desarrollar el hábito de relacionarte con los demás. La base de las buenas relaciones es ser capaz de establecer comunicación con otros.

Hábito 5: Establecer una comunicación creativa. Trata exactamente de la comunicación. Utilizando el conocimiento y la confianza que se han generado al desarrollar el **Hábito 2**, serás capaz de establecer con creatividad el **Hábito 5** y sentar la base de relaciones productivas. Y dado que una de las barreras más grandes para la buena comunicación, si no, quizás, la más grande, es la escucha deficiente...

Hábito 6: Escucha atenta. Se ocupa de cómo construir una práctica de buena escucha.

Hábito 7: Práctica de conductas influyentes. Los **Hábitos 5** y **6** establecen el terreno para este hábito. Cuando seas capaz de entablar buenas relaciones de trabajo con otras personas mediante la construcción de comunicación y escucha, ganarás su confianza y respeto. Y a partir de eso obtendrás la confianza para poder expresar tus pensamientos y sentimientos con claridad, de manera que otros te puedan comprender (y también para poder decir "no").

La Parte III te invita a salir de los confines estrechos de tu clase y desarrollar una "visión" de cómo tu profesionalismo docente en desarrollo puede tener impacto sobre esferas más amplias de influencia.

Hábito 8: Influir en conductas de liderazgo. Se ocupa del conocimiento, las capacidades y actitudes para volverse influyente en el entorno laboral local. Trata sobre construir la capacidad de trabajar con otros profesionales y con otras personas y organizaciones que interactúan con tu rol profesional.

Hábito 9: Propagar la influencia. Lleva el hábito anterior más allá, abogando para los docentes por un rol de profesionales *activistas*: que influyan en el desarrollo de políticas y construyan entornos de aprendizaje democrático.

Puedes leer este libro desde el comienzo o, según sea tu interés, puedes elegir cualquier sección que tenga una relevancia especial para ti y comenzar desde ahí. No obstante, como puedes ver, el libro ha sido construido de esta manera porque las capacidades y actitudes se construyen unas sobre otras. Para mí, el lugar para comenzar es en ti mismo, tus valores en cuanto a tu trabajo y tus capacidades de dirección personal. Es la base sobre la cual construir las capacidades de buenas relaciones e influencia en las siguientes secciones.

Hacia una profesión empoderada

Dada la historia reciente de la profesión docente, no es raro que los docentes y formadores de docentes se encuentren preocupados por temas que sobreviven poco frente a un flujo continuo de nuevas iniciativas e inspecciones.[25] Incluso puede parecer que la tarea de los docentes se ha desprofesionalizado debido a la aplicación de políticas gerenciales para incrementar su responsabilidad pública, tanto individual como colectivamente.[26]

Sin embargo, otros argumentan que todas las profesiones en general se encuentran en una etapa de cambio, que la enseñanza se está volviendo más profesional y que la prueba de esto puede verse en todo el mundo. Sostienen que:

> *Ocupaciones como la enseñanza se están profesionalizando; se necesitan nuevas capacidades; es más importante lograr buenas relaciones con el cliente y otros accionistas; es preciso dominar un conocimiento más extenso y tomar decisiones más complejas. En lugar de desprofesionalizarse, se puede sostener que la docencia se está reprofesionalizando, aunque el nuevo profesionalismo es distinto del mítico profesionalismo de hace cuarenta años.*[27]

Por otro lado, tenemos la opción de llenar nuestro tiempo comprometiéndonos con muchas ocupaciones o invertirlo en nuestro desarrollo personal. Si invertimos en nuestro desarrollo personal, nos empoderaremos tanto personal como profesionalmente. Y si hacemos eso, podremos potenciar a otros. Debemos reconocer tanto nuestro propio rol como el rol de la profesión para contribuir con la amplia agenda social de educar futuros ciudadanos, y debemos utilizar las capacidades de influir para comprometer a distintos inversionistas en la educación.

Si queremos influir en el futuro, el lugar para comenzar es nosotros mismos. El desarrollo de los hábitos de docentes altamente eficaces establecerá el terreno para la carrera satisfactoria e influyente de un profesional empoderado.

Reflexión: ¿Qué es importante para ti de la docencia?

Lo primero que necesitas para aproximarte a este ejercicio es un lugar y un tiempo para dedicar un pensamiento reflexivo a estas cuestiones. En la Parte 1 verás que las palabras al principio te vienen rápidamente y luego, con más lentitud. Debes encontrar entre siete y nueve palabras, y es muy importante que te des tiempo para que las palabras surjan.

Al agregar cada palabra, repite toda la lista en voz baja, y luego pregúntate: "¿Qué otra cosa es importante para mí de la docencia?".

Cuando pienses que no te queda nada por agregar, puedes comprobarlo, preguntándote: "¿Hay algo más que me resulte importante de la docencia?".

Luego sigue con la Parte 2.

Parte 1

En una sola palabra, ¿qué es importante
para ti de la docencia?

....

....

¿Y qué otra cosa es importante para ti de la docencia?

....

....

¿Y qué más?

....

....

¿Hay algo más que te resulte importante
de la docencia?

....

....

Parte 2

Si te permitieran tener una de las cosas que son
importantes para ti de la docencia, ¿cuál elegirías?

....

Y si se te permitiera tener otra cosa más que te resulta
importante de la docencia, ¿cuál elegirías?

....

Y si se te permitiera tener una tercera cosa que
te resulta importante de la docencia, ¿cuál sería?

....

¿Cuál sería la siguiente cosa que elegirías de entre las cosas importantes para ti de la docencia?
....

¿Y la siguiente?
....

¿Y la siguiente?
....

¿Qué vendría después?
....

¿Y después?
....

¿Cuál sería tu opción final?
....

Parte 3

Piensa en las dos listas que hiciste de cosas importantes para ti de la docencia.
¿Hay una diferencia en el orden?
¿En qué lugar de la lista de la Parte 1 aparece la primera cosa que elegiste en la Parte 2?
Y la segunda, ¿dónde aparece en la Parte 1?
¿Hubo alguna sorpresa para ti en tus opciones de la Parte 2?
Si hay alguna diferencia de orden entre la Parte 1 y la Parte 2, ¿te hizo eso pensar de manera diferente sobre ti mismo y la docencia?
¿En qué forma has pensado de manera distinta sobre lo que es importante para ti de la docencia como resultado de estos ejercicios?

NOTAS

1   Midgley, 2002.
2   Etzioni, 1969.
3   Sachs, 2003, p. 12. En Gales, las estadísticas del desempeño de las escuelas ya no se publican más, y el cuerpo de inspección, Estyn, tiene un carácter menos censor.
4   *Ibid.*
5   *Ibid.*, p. 1.
6   *Ibid.*, p. 1.
7   Hoyle y Johm, 1995, p. 1.
8   McGettrick, 2002.
9   Furlong et al., 2006, p. 21.
10 Hage y Powers, 1992.
11 Hargreaves, 2000.
12 Hare y Reynolds, 2004.
13 Morgan y Murgatroyd, 1994.
14 Mcmurray, 1961, p. 187.
15 Morgan y Morris, 1999, p. 136.
16 Fielding (ed.), 2001, p. 12.
17 Morgan, 1997.
18 Turnbull, 2004.
19 Hargreaves, 2000, p. 153.
20 Goodson, 2003.
21 Hargreaves, 2003, p. 58.
22 *Narrowing the Gap in the Performance of Schools Project; Phase II Primary Schools*, 2005, p. 18.
23 Hargreaves y Goodon, 2003.
24 Brighouse, 2005.
25 Whitty, 2000, p. 292.
26 Sachs, 2003, p. 7.
27 McCulloch et al., 2000, p. 110, citada en Sachs, 2003, p. 7.

PARTE **I**

Lograr tus propósitos

HÁBITO 1 Pensar por ti mismo
HÁBITO 2 Establecer la base de un desempeño con confianza
HÁBITO 3 Tomar medidas contra el estrés
HÁBITO 4 Tomarte tu tiempo

HÁBITO 1

Pensar por ti mismo

> *Siempre voté según el llamado de mi partido y nunca jamás pensé en pensar por mí mismo.*[1]

No es raro que el **Hábito 1** sea más sobre pensar que sobre actuar. Tal vez sea necesario invertir más reflexión en éste que en los otros hábitos que lo siguen. Pero no me disculpo por esto: el **Hábito 1** establece el terreno para el desarrollo de todos los demás hábitos. La acción sin pensamiento puede ser simplemente una reacción, una mera respuesta automática a las cosas que te suceden.

Adoptar el **Hábito 1** significa que estás preparado para pensar sobre tu identidad y tu rol profesional, y ser claro sobre la diferencia. Es el primer hábito, porque necesitamos pensar en nosotros mismos —y en las creencias y valores que sostenemos— para comprender cómo nuestro pensamiento dirige nuestro comportamiento. El **Hábito 1** es también comprender "cómo" pensamos, además de "en qué" pensamos. Tenemos una capacidad cerebral de proporciones inimaginables: un potencial que difícilmente explotamos durante nuestra vida. Sabemos lo suficiente sobre cómo funciona nuestro cerebro para comprender cómo el pensamiento afecta nuestra fisiología, y sabemos que podemos cambiar nuestros pensamiento para provocar cambios dramáticos en nuestra forma de vida. También tenemos un "estilo" de pensamiento que es único y personal. La capacidad de "pensar sobre tu pensamiento" es un rasgo que te distinguirá de lo convencional y te permitirá dirigir con eficacia las exigencias de un entorno laboral complejo.

Así el que el **Hábito 1: Pensar por ti mismo** es un punto de partida en la senda hacia el empoderamiento profesional.

"Identidad" profesional

El pensamiento sobre tu *identidad* es un buen lugar para comenzar a pensar sobre ti como profesional docente. En este aspecto, me parece a menudo que la profesión docente tiene una relación de amor/odio consigo misma. Por un lado, los que promueven la profesión transmiten una imagen de individuos maduros y motivados que nutren a mentes jóvenes hacia la plenitud del potencial, y desempeñar así un papel valioso en la sociedad. Sin embargo, una vez que el joven maestro ha sido convencido de ingresar en la profesión, comprende el uso generalizado de la plegaria del docente: "¡Gracias a Dios es viernes!".

Existe una paradoja sobre la visión global del trabajo. Generalmente, éste consume un tercio de nuestro día. El trabajo es una experiencia extraña, porque proporciona algunos de los momentos más intensos y satisfactorios, puede darnos orgullo y sentido de identidad y, sin embargo, es algo que muchos de nosotros estamos contentos de evitar. Debido a que el trabajo es tan importante en cuanto a la cantidad de tiempo que consume y la intensidad de los efectos que produce en nuestra conciencia, es esencial que enfrentemos las ambigüedades, si deseamos mejorar nuestra calidad de vida.[2]

Si no hemos pensado con demasiada profundidad sobre nuestro trabajo, si llenamos nuestro tiempo ocupándonos de muchas tareas, es posible que de pronto nos ataquen dudas. Y cuando eso sucede, puede llevarnos a cuestionar creencias sobre nosotros mismos, que quizá no hemos considerado previamente.

Es posible, también, que surjan dudas sobre nuestra capacidad para salir adelante cuando nos encontramos en un papel de trabajo exigente:

Al principio, yo era como un colador: la mitad se caía por el fondo y la otra mitad lograba retenerla, porque los agujeros no eran tan grandes... Experimenté una enorme curva de aprendizaje al comienzo y fue realmente agotadora; cada día me encontraba hecho trizas, simplemente por la cantidad de información que me llegaba... Esto provoca mucha ansiedad, porque no sabes si has dicho lo correcto, no sabes si te vistes de manera correcta, no sabes si te diriges a esa persona de la manera correcta... así que a veces pides una cosa y parecen horrorizados... pero eso sencillamente es aprender con la práctica.[3]

Tal vez seas capaz de sentir empatía frente a lo que dice. Quizá puedas establecer la relación con tu propia experiencia y pensar que la persona que habla tal vez sea nueva en la docencia. En realidad, se trata de una enfermera psiquiátrica madura, altamente capacitada y con mucha experiencia, que describía su nuevo trabajo, un trabajo que la había sacado de su ambiente de confortable en un hospital y le había exigido trabajar en un entorno diferente.

Grabé la entrevista con esta enfermera mientras realizaba una investigación sobre la experiencia de las enfermeras de salud mental que trabajaban en cortes jurídicas. En esa época se trataba de una nueva iniciativa del gobierno del Reino Unido para identificar a personas con problemas de salud mental que habían cometido delitos, y dirigirlos hacia los servicios sociales adecuados. Para las enfermeras esto implicaba salir del hospital como base hacia un ambiente nuevo y ser el único profesional de la salud que trabajaba junto a los abogados, los oficiales de libertad condicional, policías y magistrados. A pesar de todo, era una situación fuera de la experiencia normal del trabajo de una enfermera, e implicaba trabajar con personas que podían tener puntos de vista diferentes de aquellos de los profesionales de la salud.

Para todas las enfermeras que entrevisté fue una experiencia muy desconcertante. En cierto nivel mostraban incomodidad cuando su conocimiento profesional era cuestionado. Pero hubo incluso una mayor incomodidad, que llevó a una crisis de confianza en sus identidades como individuos. La experiencia disparó cuestionamientos personales de parte de una de ellas: 'Eres suficientemente buena... Estás haciendo todo esto y parece que supieras lo que haces, pero ¿es cierto eso?'... Había dejado de ser una enfermera y me había convertido en otra cosa".[4]

Todas estas enfermeras estaban muy calificadas y tenían gran experiencia en su profesión. Y, sin embargo, un cambio dramático en sus vidas laborales resultó tan perturbador que dio de lleno en sus sentimientos sobre ellas mismas y su capacidad profesional. Tal vez te asombres de semejante cosa. ¿Cómo es posible que trabajar en un entorno distinto, con gente diferente, pueda realmente hacerte cuestionar quién eres?

Debido a que nuestro trabajo implica gran parte de cómo pensamos de nosotros mismos, podemos verlo como parte de nuestra identidad como personas. Por ejemplo, considera las siguientes afirmaciones:

- Trabajo como docente.
- Soy docente.

La primera frase sugiere a una persona que experimenta la docencia como un rol en la vida, quizá uno entre muchos otros roles (pareja, hermana/o, hija/o, amiga/o, entrenador/a físico/a, etc.). La segunda dice mucho más. Sugiere a alguien que experimenta "ser" docente como parte de su propia identidad como persona.

No se trata de que una respuesta sea correcta y la otra incorrecta; pensar cómo experimentamos nuestro trabajo puede ayudarnos a comprender cosas cuando enfrentamos dificultades. Las enfermeras que entrevisté habían invertido mucho en el rol de enfermera, y por eso, cuando su saber quedó aislado y expuesto a cuestionamientos, lo sintieron como un ataque personal que desestabilizó su confianza en sí mismas.

En realidad, con un trabajo tan exigente como el de la enseñanza (o la enfermería), quizá no sea raro que pongamos tanto de nosotros mismos en la ocupación. Entonces, cuando nos enfrentamos con situaciones o problemas que nos cuestionan, puede resultar difícil dar un paso atrás y pensar con lógica, porque estamos involucrados emocionalmente. Lo mismo puede sucederles a personas que han invertido toda su energía emocional y su identidad en un trabajo o una relación, y cuando el trabajo o la relación terminan, tal vez sufran una angustia psicológica real.

❶ PAUSA PARA PENSAR

Gemma es muy consciente de lo que otras personas pueden pensar de ella. Puede estar caminando por el corredor de la escuela y si el director se acerca a ella con expresión seria, inmediatamente supone que lo ha disgustado de alguna manera. Le resulta muy difícil evaluar si su trabajo es satisfactorio, a menos que reciba la apreciación de otra persona. Esto quiere decir que le preocupa constantemente si otros profesores están haciendo las cosas mejor que ella. Cualquier consejo que le dan, tiende a tomarlo con seriedad y como si fueran instrucciones.
Jamie confía mucho en su propio juicio y opiniones. Sabe íntimamente cuando tiene razón y tiende a recoger toda información que confirme su propia opinión. Suele tratar las apreciaciones o instrucciones de otras personas como información con la que puede estar de acuerdo para seguirla, o no. Le resulta difícil aceptar las críticas, incluso cuando son constructivas, o escuchar y valorar las opiniones de los demás.

- ¿Dónde está tu foco de atención?
- ¿Dependes de los puntos de vista de otros para conocer tu propio valor?
- ¿O estás tan convencido de tu propia opinión que puedes ignorar los puntos de vista de los demás?
- ¿Puedes ser flexible para ajustar tu foco de atención?

- ¿Te resultaría potenciador adaptar tu estilo?

Los docentes altamente eficaces pueden realizar una evaluación realista de su propia capacidad profesional. Saben en qué áreas pueden sentirse confiados, y pueden aceptar consejos de colegas más experimentados en torno a áreas que necesitan desarrollar. Pueden tomar las críticas como algo útil, en vez de como un ataque personal, porque tienen en claro la diferencia entre su identidad y su rol profesional.

El "rol" profesional

Así pues, parte del **Hábito 1: Pensar por ti mismo** es tener en claro tu identidad profesional y pensar en tu trabajo como "un rol", ya seas un profesor recién recibido, un maestro de escuela, un profesor de determinada materia, etcétera. También encontrarás esa conciencia de los distintos rasgos en el **Hábito 3: Tomar medidas contra el estrés**, porque es un factor crucial para construir actitudes a prueba de estrés. Deliberadamente no utilicé la frase "desempeñar un rol" porque la docencia es un asunto serio y no quiero dar la impresión de que esta estrategia consiste en trivializar ese rol de alguna manera. En realidad, cuando estás "en tu papel" puedes darle a la actividad tu mayor atención y energía y "vivirlo" con toda tu capacidad.

Existe una manera simple de definir la diferencia entre identidad y rol: *las identidades organizan el sentido, mientras que los roles organizan la función*.[5] De modo que tu "identidad profesional" incluirá las creencias y los valores fundamentales que tienes respecto de ti mismo, de otras personas y de todo el entorno social en el que vives y trabajas. A partir de esta base personal sustentada en valores, le das valor a los roles que desempeñas. Y también quiere decir que debe haber un ajuste entre tu sistema personal de sentido y tu rol como docente.

Una vez que puedas hacer una distinción de esta manera, una vez que hayas pensado bien tus creencias y valores en relación con la educación, la docencia y tu propia identidad profesional, puedes tomar una decisión con mayor facilidad en cuanto a cuestionar temas que puedan surgir. Podrás decidir si un tema entra en la brújula de tu "rol" y es algo que puedes ajustar organizándote u organizando tu trabajo de manera diferente. También podrás juzgar si es algo que necesita revisión con respecto a tus creencias y valores. Entonces, la pregunta que puedes hacerte es:

● ¿Esto está básicamente mal, según mis creencias sobre educación y docencia? ¿Es algo con respecto a lo cual debo dejar sentada mi posición por un tema de principios?

O, como alternativa:

● ¿Este tema apareció porque no he actuado de acuerdo con mis creencias y valores en mi rol como docente? Si tengo el valor de actuar según mis creencias y valores, ¿podría cambiar esta situación?

Los mejores docentes saben cuándo deben adaptar su práctica y tienen el valor para actuar a partir de sus creencias y valores para cambiar cosas que reconocen como injustas o no equitativas.

PAUSA PARA PENSAR

Creencias y valores

Todos sostenemos creencias y valores sobre las cosas importantes de la vida. Nos basamos en nuestras primeras experiencias de vida y en nuestra cultura; tal vez influyó en nosotros gente con la que interactuamos, lo que hemos leído y visto en la televisión, el código de práctica y principios de nuestra profesión. Todas estas cosas contribuyeron al grupo de creencias y valores que tomamos como guía en nuestro trabajo y nuestra vida.

Nuestras creencias y valores son una parte tan integral de nosotros que, quizá, no pensamos conscientemente en ellos muy a menudo. Los damos por descontado; son simplemente una parte de nuestra comprensión del mundo. Pero se los puede reconocer en nuestro comportamiento, en el lenguaje que usamos y en la forma en la que tratamos a la gente.

Los buenos docentes son claros con respecto a sus creencias y valores en cuanto a docencia y educación. Ellos no "sostienen" valores y creencias, sino que constantemente comprueban si los siguen en su comportamiento profesional y en la forma en la que interactúan con alumnos y colegas. Sus creencias y valores les dan una base firme desde la cual pueden cuestionar inconsistencias e inequidades cada vez que se producen. Su comportamiento profesional es congruente porque creencias y valores armonizan entre sí.

Aquí hay algunas creencias sostenidas por docentes altamente eficientes:

- La educación posee un alto propósito moral y social, además de ser una preparación para el empleo.
- La inteligencia puede nutrirse por medio del aprendizaje, en vez de ser un rasgo fijo que todos poseen en cierta medida.
- Cada persona es un ser único, con estilo de pensamiento y aprendizaje individuales.
- Si un niño no aprende, la razón es que el maestro todavía no ha encontrado la clave para capacitarlo a aprender.
- Una de las cosas más importantes que puede hacer un docente por un niño es alentar su autoestima.

Niveles de pensamiento y experiencia

Al definir la diferencia entre "identidad" y "rol", también podemos considerar los diferentes *niveles* de pensamiento. Albert Einstein dijo que no se puede resolver un problema usando la misma clase de pensamiento que creó el problema; es necesario utilizar una forma distinta de pensamiento. Por lo tanto, pensar en distintos niveles nos ayuda a analizar una situación o un problema de manera diferente.

El otro aspecto de "pensar sobre pensar" en diferentes niveles es que existe una *jerarquía* de niveles[6] (ver FIGURA 2). Cada nivel organiza la información en el nivel que está por debajo, y las reglas para cambiar algo en determinado nivel diferirán de las reglas para cambiar algo en un nivel inferior.

Por ejemplo, pensar a nivel del *entorno* quiere decir utilizar tus órganos sensoriales para evaluar si tu clase contribuye al aprendizaje. ¿Qué ven los alumnos cuando entran: es un ambiente interesante y estimulante? ¿Podrías introducir el poder de la música para crear un ánimo que aliente al aprendizaje? ¿Cuál es el sentido general del lugar? ¿Qué cambios podrías realizar que te potencien como profesional y a tus alumnos en el aprendizaje?

Nuestra *conducta* involucra nuestras acciones físicas y movimientos conscientes. En este nivel puedes pensar si alguna de tus conductas son simplemente reacciones reflejas, hábitos o rituales: ¿son acciones de tu sistema psicomotriz en respuesta a estímulos exteriores sin ninguna referencia a tu mapa mental? Por otro lado, el nivel de capacidad implica poder elegir y alterar comportamientos para que se adapten a diferentes condiciones externas. Involucra tu capacidad mental e intelectual para elegir y modificar tu comportamiento en busca de adaptarte a diferentes situaciones.

- **Identidad**
Tu sentido sobre quién eres y cómo te relacionas con los sistemas de los que formas parte.

Entonces, dependiendo de quién eres, tienes ciertas creencias y valores.

- **Creencias y valores**
Los juicios fundamentales que tienes sobre ti mismo y el mundo que te rodea, que apuntalan y dirigen tu comportamiento.

Y, dependiendo de tus creencias y valores, eliges las capacidades y los conocimientos que quieres perseguir en el mundo.

- **Capacidad**
La capacidad para elegir y adaptar tus comportamientos en respuesta a una gama más amplia de situaciones. Una cualidad intuitiva que es capaz de usar adecuadamente diferentes comportamientos.

Y, dependiendo de esos comportamientos, creas e influyes en tu entorno.

- **Entorno**
Todos los factores que conforman el contexto exterior en el que trabajas.

FIGURA 2
NIVELES NEUROLÓGICOS
Fuente: Dilts, 1990.

Mientras que la *capacidad* involucra la corteza, el pensamiento en el nivel de *creencias y valores* implica al sistema límbico en el cerebro medio.

Ésta es la parte del cerebro principalmente responsable por las emociones y los sentimientos, el placer y la atención, y que también se ocupa de nuestros juicios sobre qué es "verdad" o válido. Así, no es extraño que, cuando pensamos sobre *creencias y valores*, también podamos experimentar una respuesta emocional asociada. Como cuando algo que es expresión de una creencia hace que "nos hierva la sangre" o "nos galope el corazón" o nos dé "dolor de cabeza". En mi trabajo de formadora, a menudo he observado que, como resultado de pensar en creencias o valores, se producen cambios físicos en las personas, y los delegados pueden cansarse mucho al involucrarse en actividades que exigen esta clase más profunda de pensamiento.

Cambiar algo en un nivel más bajo podría, aunque no necesariamente, afectar los niveles superiores; pero modificar algo en los niveles superiores debe necesariamente cambiar cosas en los niveles más bajos para sostener el cambio del nivel superior. La *identidad*, por ejemplo, está relacionada fisiológicamente con el sistema inmunológico, el sistema endocrino y otras funciones vitales, y, por lo tanto, los cambios en la percepción de nuestra identidad pueden estimular cambios en nuestra fisiología.[7] No es de extrañar que nos resulte una experiencia profundamente negativa si nuestra identidad se siente amenazada. Pero también significa que, cuando pensamos positivamente sobre nuestra identidad, nos sentimos diferentes. Los cambios en nuestra fisiología significarán que interactuamos de manera distinta con las personas, lo que a su vez significa que la gente nos responderá de manera diferente y que el ambiente en el que trabajamos será diferente.

1

El cerebro y el cuerpo son parte del mismo sistema cibernético

Como descubrirás con los otros hábitos, no existe límite que separe tu cerebro de tu cuerpo. Tu cerebro y tu cuerpo forman un circuito de retroalimentación: cada uno afecta al otro. La atención reciente que se ha prestado a la calidad de la comida en la escuela es un reconocimiento de la conciencia en aumento sobre cómo alimentar el cuerpo para alimentar la mente. Pero vale la pena detenerse un momento para ocuparnos del cerebro, aunque sea para pensar sobre la capacidad de poder de pensamiento que tenemos a nuestra disposición.

El cerebro promedio es una colección de tejido de complejidad asombrosa: cien mil millones de neuronas (células cerebrales) conectadas por cien trillones de sinapsis[8] (las grietas entre impulsos eléctricos que pasan entre las células). Debemos confiar en nuestros colegas neurocientíficos y sus avances tecnológicos en esta clase de información; puedes encontrar, como yo, bastante difícil entender la capacidad indicada por esos números. Escuché una metáfora que intenta retratar la capacidad de un cerebro promedio: sugiere que las conexiones potenciales entre las neuronas son tantas como los granos de arena de las playas del mundo. Podemos estar seguros de que las chispas eléctricas y los intercambios químicos entre esas células pueden lograr cosas asombrosas y desconcertantes.[9]

Mientras los avances en la neurociencia nos han informado más completamente sobre la estructura del *cerebro*, la naturaleza de la mente todavía se escapa a la comprensión científica. Explicarse la naturaleza exacta de la conciencia y de los mecanismos por los que ella emerge de las colecciones de neuronas es verdaderamente un problema importante. El tejido de la mente-cerebro sigue atormentando cerebros mucho más entendidos que el mío,[10] así que no pretenderé ocuparme de eso aquí. Pero existen algunos temas generales que conciernen a nuestra mente-cerebro y que son relevantes a lo que veremos.

En primer lugar, con la clase de capacidad que, según los neurocientíficos, tiene el cerebro promedio, no parece quedar mucha duda de que no utilizamos plenamente todo el potencial que está a nuestra disposición. Los cálculos sobre cuánta de nuestra capacidad cerebral utilizamos varían desde tan sólo un dos por ciento hasta un máximo de veinticinco por ciento.

En segundo lugar, la neurociencia está comenzando a alcanzar a la psicología en el descubrimiento de cambios que se dan en el cerebro y subyacen al aprendizaje. Ahora pueden describir cómo los límites entre secciones de la corteza dedicados a distintas partes del cuerpo, talentos y sentidos físicos pueden ajustarse por medio del aprendizaje y la práctica. El aprendizaje es un cambio en el cerebro.[12]

En tercer lugar, sabemos que determinadas conexiones de estimulación multisensorial y cognitiva entre las neuronas pueden ser estimuladas y aumentar el aprendizaje. Por lo tanto, en lugar de considerar el cerebro una computadora, ahora se lo puede ver como "un organismo flexible, que se adapta a sí mismo, cambia constantemente, y que crece y toma nueva forma en respuesta a desafíos, con elementos que se atrofian por falta de uso".[13] Así que es cierto que, si no lo usas, lo pierdes.

Todo esto quiere decir que, sea cual fuere nuestra posición en el presente, tenemos el potencial cerebral para aprender, y como resultado tenemos la capacidad de cambiar (para potenciarnos por medio del cambio de patrones de pensamiento y comportamiento). Debido a la capacidad de nuestro cerebro, tenemos una mente con infinitas reservas inconscientes, que podemos utilizar como recursos una vez que logramos la confianza de reconocerlas y sacar provecho de ellas. También poseemos capacidades únicas como especie, y que han sido cruciales para nuestra evolución como las criaturas más inteligentes del planeta.

Primero, somos conscientes de nuestra propia conciencia. Esto quiere decir que podemos pensar sobre nuestro pensamiento y nuestras emociones, y reflexionar sobre nuestro comportamiento. Hoy en día se escribe mucho sobre la *metacognición*, y ahora podemos desarrollar "pensamiento sobre su pensamiento" en estudiantes para que logren autoconocimiento y autodirección. A esta clase de procesos de control se los reconoce como esenciales para que los profesionales puedan lidiar eficazmente con un entorno laboral moderno muy complejo.

En segundo lugar, al sobrevivir y prosperar como especie, hemos desarrollado capacidades para adaptarnos a nuevos ambientes y circunstancias sociales, para enfrentar nuevos desafíos, para lograr el empoderamiento. La plasticidad del cerebro implica que tenemos capacidad de aprender, de creatividad, y, por lo tanto, de cambio. Tenemos suficiente potencial cerebral para aprender durante toda la vida, sin peligro de agotar los recursos de nuestra mente y cerebro.

¿QUÉ CLASE DE PENSADOR ERES?

Aunque quizás tengamos una *capacidad* cerebral similar, el modo en el que usamos nuestros cerebros puede ser distinto. Para empezar, la forma en la que entendemos el mundo que nos rodea será diferente de una persona a otra. Todos llevamos nuestro "mapa" interior del mundo como una interpretación y una guía del mundo en el que vivimos.

Los filósofos han dicho que "el mapa no es el territorio"[14] por razones muy valederas. Si yo quisiera conducir hasta cierta zona del país que nunca he visitado antes, probablemente estudiaría un mapa de la ruta antes de partir. El mapa me mostraría los caminos que puedo tomar y otros aspectos de la ruta. No sería el terreno en sí mismo, sino una *representación* del terreno real.

Lo mismo ocurre con tu mapa mental del mundo. Como guía en tu viaje por la vida, es tu *representación* de la realidad. Tomamos la información de nuestros sentidos —lo que *vemos* a nuestro alrededor, lo que *oímos*, y cómo *percibimos* las cosas— y construimos nuestro propio mapa mental de la realidad. Pero existe una diferencia importante entre tu mapa mental y un mapa de ruta.

Tu mapa mental es único para ti, porque tu percepción del mundo que te rodea será diferente del de otra gente. Interpretarás la realidad de acuerdo con tu propio mapa (¿cuántas veces tuviste un malentendido a causa de que dos personas "leyeron" la situación de manera completamente diferente?).

La forma en la que percibimos el mundo que nos rodea será única para nosotros, porque está influida por nuestros antecedentes: nuestra crianza, nuestra educación, cultura, lenguaje, nuestros recuerdos. Todo esto será personal para nosotros e influirá en cómo juzgamos nuestras experiencias de vida. Y la forma en la que construimos nuestra realidad interna —la forma en la que organizamos nuestros pensamientos— también será única.

Utilizaré un ejemplo para mostrar lo que quiero decir con esto. Detente un momento y piensa en cómo interpretarías esta palabra:

Playa

Aparte de las diferentes interpretaciones literales —playa arenosa, playa de guijarros, playa que se extiende por kilómetros y kilómetros, playa en una pequeña ensenada, la duda de si quise decir el verbo *ir* a la playa (todo esto sería el *contenido*)—, también hay que considerar el *proceso* de cómo interpretaste "playa". Quizá viste una imagen de una playa en particular que guardas en tu memoria. Quizá fuiste capaz de *oír* el rugir de las olas contra las rocas. Tal vez experimentaste un sentimiento particular muy cálido asociado con unas vacaciones. O tal vez *oíste tu voz* leyendo la palabra "playa"; *sentiste* el viento en tu rostro, *saboreaste* la sal, o quizás *oliste* las algas marinas. Como sea que hayas interpretado "playa", habrás usado los tres *sistemas representativos* principales: mentalmente estarás o bien generando imágenes (*visual*) u oyendo sonidos (*audición*), o teniendo sensaciones (*sinestésico*),[15] o una combinación única de ellos.

Cuando procesamos la información de nuestros sentidos (lo que vemos, oímos, sentimos), también utilizamos estos procesos para *representar* mentalmente la realidad para nosotros mismos (así construimos el pensamiento consciente). Además, existe lo que se nombra con el término *auditivo digital*, que describe el proceso de hablar con uno mismo. Y aunque todos usamos estos sistemas, para algunos de nosotros lo que puede haber comenzado como una *tendencia* a favorecer una u otra de las formas de pensamiento se convertirá en una preferencia y terminará siendo nuestra zona de confort. Podemos favorecer un sistema particular más que otros, y éste se transforma en nuestro patrón habitual de procesamiento del pensamiento.

Es importante descubrir nuestra propia zona de confort de pensamiento para desarrollar nuestra capacidad de pensamiento y *potenciarnos*, pero los mejores docentes dan un paso más. Reconocen que tenemos una tendencia a enseñar con nuestro propio estilo de pensamiento, porque de esa forma nosotros mismos aprendemos mejor. Reconocen que podemos hablar e interactuar con otros de una manera que refleja nuestro propio estilo de pensamiento. Una vez que nos hemos vuelto conscientes de que nuestra propia forma de pensamiento y aprendizaje es única a nosotros, somos más capaces de reconocer que otros tienen diferentes estilos.[16] Los mejores maestros son capaces de aumentar su profesionalismo adaptando sus enseñanzas para cubrir las necesidades de sus alumnos con diferentes estilos de pensamiento y enseñanza, y desarrollando flexibilidad en su interacción con otros.

 Pausa para pensar

¿Qué clase de pensador eres tú?

Una de las conferencias a las que asistí durante el primer tiempo de mi formación trataba sobre comportamiento de grupo y liderazgo. En un punto de la conferencia, la oradora estaba explicando una idea particularmente teórica.

Yo tenía muchas dificultades para comprender lo que decía. Miré alrededor al resto de la clase, y pude ver que todos los otros alumnos asentían sabiamente y participaban en la discusión. Mentalmente me encogí en mi asiento, avergonzada al pensar que era la única que no lograba comprender.

Entonces la oradora encendió el proyector e iluminó en la pantalla un esquema muy sencillo que explicaba la idea con unos pocos círculos y líneas. Cuando la pantalla se iluminó, simultáneamente fue como si un foco de luz se encendiera en mi cabeza: al verlo de esta manera era *fácil* entenderlo. Cuando Nigel trabaja en su casa y llega un punto en el que ha luchado con un problema mental durante un rato, se va a dar una vuelta en su bicicleta por el campo donde vive. Incluso cuando se encuentra en el campus de la universidad y debe ir de una sala de conferencias hacia otra, nunca toma la ruta más corta. Generalmente encuentra un camino que lo lleve por el exterior de los edificios para tomar aire fresco, con una distancia suficiente para estirar las piernas. Incluso un breve descanso físico le resulta importante para pensar con mayor claridad.

A Lisa le costó mucho trabajo su curso universitario. Mientras escuchaba una conferencia pensaba que comprendía bastante bien. Pero cuando miraba sus apuntes no les encontraba ningún significado. Aunque se esforzaba mucho, no podía retener nada valioso. Habló de esto con su tutor personal, que le hizo una sugerencia: ¿Por qué no grabar las conferencias? Una vez que Lisa comenzó a hacerlo, las cosas fueron totalmente diferentes. Grabarlas le daba la oportunidad de escuchar la conferencia todas las veces que necesitara para aclarar las cosas en su pensamiento.

Ann siempre tiene una colección de lápices de colores junto a ella en las reuniones. Comienza con una hoja en blanco de un anotador A4 que le gusta, y sus notas se extienden en todas direcciones a través de la página, unidas por líneas y círculos con los que las conecta. Admite que ahora se prepara para la formación de manera muy distinta de cuando comenzó a ser formadora. Utiliza un papel de tamaño grande para poder clavar las hojas en la pared de su oficina, por supuesto lápices de colores y también muchas notas adhesivas de colores, que puede pegar en distintas páginas, si es necesario. Como las hojas están en la pared, puede probarlas caminando alrededor mientras discute las ideas consigo misma.

Cuando quedas "atascado" en tu pensamiento, a veces resulta fácil caer en la sensación de que la raíz puede estar en los límites de tu propia inteligencia, particularmente cuando otras personas con las que trabajas no parecen tener dificultad en comprender. Por lo tanto, resulta muy tranquilizador llegar a entender que lo que puede ser *realmente* la causa es el hecho de que la información o la forma en la que estás trabajando no se hallan de forma que convenga a tu preferencia de pensamiento. Los docentes altamente eficaces reconocen su propia zona de confort de pensamiento y se empoderan al usar estrategias que los ayuden a pensar, planear y trabajar con mayor efectividad. Como en los ejemplos antes mencionados, esto podría significar:

- Encontrar un esquema, dibujo y mapa mental que te ayude a comprender.
- Reconocer cuándo es necesario hacer una pausa para recuperar concentración.
- Pensar en cómo las cintas grabadas pueden ayudarte en tu trabajo.
- Utilizar diferentes recursos para organizar tu planeamiento: lápices de colores y papel, notas adhesivas de colores, resaltadores.

Conclusión

El **Hábito 1** se ocupa de cómo pensar sobre tu pensamiento. Es aclarar la diferencia entre identidad y rol, y ser capaz de establecer un sentido claro y seguro de la identidad profesional, fundado en un grupo de creencias y valores. Es importante que pienses sobre tus creencias y valores en lo que a educación se refiere, y tengas la confianza de seguirlos en tu comportamiento en la clase y en otras partes.

Los avances en la neurociencia y la psicología pueden fundar la práctica profesional. Estar al día en todo esto puede facilitar el aprendizaje, tanto para ti como para los demás.

Los docentes altamente eficaces reconocen que el conocimiento es poder y que el autoconocimiento empodera. Pensar sobre cómo pensamos puede llevarnos a cambios en nuestra forma de actuar; podemos aprender a dirigir nuestro entorno social y enfrentar los desafíos de nuestras vidas profesionales. El **Hábito 1: Pensar por ti mismo** te prepara para hacer los cambios que mejoren tu profesionalismo.

Reflexión:
Zona de confort de pensamiento

Para hallar tu zona de confort de pensamiento particular, para cada grupo de tres afirmaciones marca la que te describe más acertadamente. (Responde rápidamente, registrando tu primera reacción. No hay respuestas correctas y equivocadas: simplemente elige la que prefieras.)

a○ Escuchar música es uno de mis pasatiempos favoritos.
b○ Los colores y diseños de mi clase son muy importantes para mí.
c○ Me inquieto si tengo que estar sentado en el mismo lugar durante mucho tiempo.

a○ Prefiero hablar de un tema con alguien que escribirle una carta.

b⃝ Siempre noto cuando una palabra está mal escrita.
c⃝ Confío mucho en mis sentimientos viscerales para hacer un juicio.

a⃝ El modo en que suena la voz de un docente es muy importante para la enseñanza.
b⃝ Me siento más confiado cuando tengo buen aspecto.
c⃝ Me gusta entrar en contacto con la gente con la que trabajo.

a⃝ Decir las cosas en voz alta me ayuda a pensarlas.
b⃝ Comprendo mejor si tengo un esquema en lugar de una explicación con palabras.
c⃝ Sólo comprendo completamente algo cuando lo hago yo mismo.

a⃝ Generalmente, puedo determinar la sinceridad por el sonido de la voz de una persona.
b⃝ Me descubro evaluando a otros a partir de su apariencia.
c⃝ Puedo juzgar a alguien por cómo me estrecha la mano.

a⃝ Prefiero escuchar un CD que leer libros.
b⃝ Me gusta mirar televisión e ir al cine.
c⃝ Prefiero las actividades al aire libre.

a⃝ Sé exactamente cómo tiene que sonar mi auto cuando funciona bien.
b⃝ Me gusta ver mi auto limpio por dentro y por fuera.
c⃝ Me gusta un auto que sea agradable de conducir.

a⃝ Me gusta la gente a quien es fácil escuchar.
b⃝ Me divierte "mirar gente".

c ○ Siempre me doy cuenta de si las cosas no están bien con alguna persona.

a ○ Prefiero que me expliquen una idea a que me la lean.
b ○ Me gusta que un orador utilice ayudas visuales cuando explica algo.
c ○ Me agrada participar en actividades más que quedarme mirándolas.

a ○ Comprendo las cosas con mayor facilidad cuando yo mismo pronuncio las palabras.
b ○ Soy muy bueno cuando tengo que orientarme con un mapa.
c ○ Hago ejercicio por cómo me siento después.

a ○ A menudo me descubro imitando la forma en que habla la gente.
b ○ Hago listas de cosas que necesito llevar a cabo cada día.
c ○ Prefiero caminar al trabajo si es posible.

a ○ Si tengo un problema, me gusta hablarlo con otra persona.
b ○ El mapa mental es una buena técnica para ayudarme a organizar mis ideas.
c ○ Prefiero sopesar todos los temas antes de tomar una decisión.

Cuenta las a, b y c y anótalas debajo:
Cantidad de **a** ○
Cantidad de **b** ○
Cantidad de **c** ○

Ahora, busca en el APÉNDICE 2 y comprueba cuál es tu particular zona de confort de pensamiento.

Notas

1. Gilbert y Sullivan, *HMS Pinafore*, Acto I.
2. Csikszentmihalyi, 1997, pp. 49-50.
3. Turnbull y Beese, 2000.
4. *Ibid*.
5. Castells, 1997, p. 7.
6. Bateson, 1972.
7. http://nlpuniversitypress.com.
8. Pinker, 2002, p. 42.
9. Le Doux, 1998, p. 22.
10. Dennett, 1991.
11. Smith, 1996, p. 15.
12. Pinker, 2002, p. 45.
13. Abbott y Ryan, 2000, p. 21.
14. Korzybski, 1933.
15. O'Connor y McDermott, 1996.
16. Una escuela exclusivamente masculina del oeste de Londres se ha convertido en un laboratorio de docencia sinestésica, donde el aprendizaje a partir de los libros ha quedado reemplazado por actividades. La razón es que hace tres años se evaluó el personal y se descubrió que prefería estilos de aprendizaje con palabras, habladas o escritas. Entonces evaluaron a los varones y descubrieron que muchos de ellos aprendían mejor haciendo cosas, antes que por medio del tradicional método de "hablar". Tras un programa de entrenamiento de personal, se adoptó un sistema docente sinestésico y se espera de los nuevos miembros del personal que comprendan los distintos estilos de aprendizaje. (Informe de Liz Lightfoot, "Action speaks louder than words when it comes to teaching boys", en *Daily Telegraph*, 28 de diciembre de 2005.)

HÁBITO 2

Establecer la base de un desempeño con confianza

*Si siempre haces lo que siempre has hecho,
siempre conseguirás lo que siempre tuviste.*[1]

❚❚ Lo que necesitan —les digo a los alumnos— es la palabra que empieza con F... Flexibilidad". Dado que el conocimiento del mundo entero se duplica cada siete años, no alcanza que los estudiantes pasen por su educación acumulando sólo eso; lo que necesitan, además, son capacidades para resolver problemas, la habilidad de buscar información y actitudes para sustentar una conducta segura de sí misma y comunicativa. El **Hábito 2** trata sobre construir la flexibilidad mental y de comportamiento, prerrequisito para el desarrollo de capacidades y actitudes.

El **Hábito 2** es esencial para el empoderamiento, porque, además de preparar alumnos para un mundo que cambia velozmente, los profesores deben trabajar en un ambiente donde el cambio es casi lo único de lo que pueden estar seguros. Debido a la incertidumbre que nos rodea, no es sorprendente que nuestro mundo moderno parezca haber dado origen a un nuevo "individuo incierto", caracterizado por una mayor responsabilidad y, al mismo tiempo, mayor vulnerabilidad.[2] Esto vuelve más importante aún apuntar a la claridad sobre la *identidad*, y ser capaz de separar *identidad* de *conducta* (ver **HÁBITO 1**).

Tener claridad y confianza en tu identidad quiere decir que puedes usarla como el punto fijo a partir del cual desarrolles la flexibilidad mental y de comportamiento que te empodera para enfrentarte con un entorno laboral cada vez más complejo. Pensar en tu identidad como *quién eres* y en tu conducta como *lo que haces* vuelve más fácil reconocer que tu comportamiento es algo que puedes adaptar y cambiar para empoderarte tú mismo y a los demás.

Desarrollar la intuición

De distintas maneras, nuestra educación no nos ha preparado particularmente para lidiar con la complejidad de un rol profesional en la sociedad del siglo XXI. Los departamentos universitarios están preocupados por tomar un enfoque racional de la adquisición de conocimiento de asignaturas académicas, y no necesariamente por el *proceso* de la conducta profesional. Asegurar el conocimiento de asignaturas es importante, pero existen muchas situaciones donde lo que podemos "saber" será insuficiente, y donde adivinar o tener fe ciega no es lo más deseable: "Necesitamos, en cambio, ser capaces de improvisar, de descubrir lo que es posible y detectar nuestro camino hacia lo que es razonable. Debemos aprender a usar nuestras impresiones, corazonadas y sentimientos".[3]

Parte del "profesionalismo" de la docencia es la habilidad de realizar juicios correctos basados en la intuición. Otros profesionales tienen capacidades similares. Las enfermeras me han contado que, en algún momento de sus carreras, se enfrentaron con una situación en la que "sabían" que algo no estaba bien con un paciente (aunque todas las medidas científicas aceptadas, como la temperatura y la presión sanguínea, indicaban estabilidad). Y, generalmente, sus "instintos" resultaban correctos. También puede darse el caso de que docentes con una clase de treinta niños ruidosos tengan conciencia de lo que está ocurriendo en cada rincón de la clase, ¡incluso al extremo de ser aparentemente capaces de "ver" lo que ocurre detrás de ellos! Los formadores con los que he trabajado tienen un "sentido" de la atmósfera entre un grupo de alumnos, que usan para adaptar y modificar su estrategia de formación.

Ha quedado probado que la intuición en el desarrollo profesional y la práctica debe tomar el lugar que le corresponde junto con la razón y la reflexión.[4] Los buenos docentes reconocen que ganar confianza en su capacidad de utilizar las percepciones intuitivas es una forma de ampliar el espectro de los comportamientos profesionales que pueden demostrar. Pero si eres un profesional nuevo, ¿dónde comienzas a desarrollar esta capacidad intuitiva? ¿Hay algo que dependa de la crianza y pueda explicar por qué algunas personas la tienen y otras no?[5] ¿O se puede aprender? ¿Es necesario adquirir una larga experiencia antes de poder actuar a partir de percepciones intuitivas con lo que podríamos llamar "juicio profesional"? Porque la prueba de la acción intuitiva como respuesta válida a los eventos depende de la validez del juicio. Entonces, ¿podemos empoderarnos realizando juicios profesionales basados en percepciones intuitivas?

Si la intuición es una "forma de conocimiento y aprendizaje", hay dos factores que establecerán la base que nos permita desarrollar la confianza en nuestra habilidad de responder intuitivamente y con flexibilidad a las situaciones: *la agudeza sensorial*, que es una forma de conocimiento, y la *reacción crítica o feedback*, que es una forma de aprendizaje.

Agudeza sensorial

Cuando yo era niña, existía un juego muy popular en las fiestas llamado "Caza el dedal". Primero se armaba la fiesta de té con la jalea y la tarta de crema y los pasteles infaltables. Luego comenzaba el juego. Cuando llegaba el momento de "Caza el dedal", todos los niños eran llevados fuera de la habitación y teníamos que esperar con emoción creciente. Era el momento en que los adultos escondían el dedal en el interior del cuarto. Una regla importante era que el dedal quedase en algún lugar a la vista. Luego regresaba el tropel de pequeños a la habitación, y comenzaba la caza del dedal. Por lo general, este juego llevaba una considerable cantidad de tiempo, porque una vez que alguno de nosotros divisaba el dedal tenía que sentarnos en silencio y no decírselo a los demás. Habitualmente había un niño que lo encontraba último, después de mucho buscar, aunque lo tuviera frente a sus ojos, a pesar del aliento que le daban los adultos diciéndole: "¡Frío!", "Ahora está más caliente", "¡Está ardiendo!".

Este simple juego ilustra cómo percibimos conscientemente el mundo que nos rodea. Por la vasta cantidad de información a nuestra disposición, somos selectivos para conceder nuestra atención (un cálculo sugiere que tenemos dos millones de piezas de información a nuestra disposición a través de nuestros sentidos en cualquier momento, por lo que no es raro, entonces, que conscientemente prestemos atención sólo a una parte muy pequeña). De modo que podemos enfocar nuestra atención deliberadamente, como cuando estamos tan concentrados en una sola actividad, que filtramos toda la otra información de los alrededores. O, como en el caso de la "caza del dedal", puede ocurrir sin querer cuando experimentamos un "punto ciego" que todos los demás pueden ver (ver también FIGURA 3).

¿Podemos hacer caso omiso de esta facilidad de "supresión" para poder ver más, oír más y sentir más? ¿Podemos "recuperar nuestros sentidos"? Tenemos realmente la capacidad de "entrenar" nuestros órganos sensoriales para que alcancen un alto grado de habilidad (como lo ilustra el ejemplo de los afinadores de piano). Cuando los aprendices de afinadores de pianos comienzan su instrucción para escuchar los "batimientos" sobre una tecla, son incapaces de discernir nada que se pueda describir como un "batimiento". Sin embargo, si la formación resulta exitosa, logran aislar los "batimientos" que interfieren y notar cómo el patrón de los batimientos cambia cuando ellos giran la clavija de afinación. "Lo que se dice es que su experiencia consciente ha cambiado. Más específicamente, ha sido aumentada: ahora son conscientes de cosas de las que antes no tenían conciencia".[6]

> Cuando era niña me llevaban a dar paseos por el campo. A menudo iba un grupo bien numeroso de tíos, tías, primos. En una ocasión, nos dirigíamos a casa por un sendero cuando uno de mis primos nos hizo detenernos. Había visto un petirrojo sobre la cerca, visible apenas por una grieta del seto. Todos nos quedamos en silencio para admirar el hermoso pájaro. "Mira, Jacqueline, mira," susurró mi tío, inclinándose y señalando el lugar del seto que nos tenía a todos admirados, "míralo antes de que se vuele". Yo miré y miré. "¿Dónde, dónde? —pregunté—. ¡Allí, allí!," dijo mi tío, muy frustrado ante mi falta de reacción. Después de lo que pareció un siglo durante el cual miré sintiéndome muy tonta, y mi tío señalaba cada vez más irritado, fue como si un postigo se abriera repentinamente, y pude ver una nueva imagen. Allí estaba el pájaro, a plena vista, el pájaro que todos habían estado mirando desde hacía un rato. Ahora podía verlo; no estaba nada lejos y allí había estado todo el tiempo.

FIGURA 3
Punto ciego

Los buenos docentes obtienen su conocimiento aparentemente intuitivo de manera similar. Tal vez de manera no consciente han entrenado sus órganos sensoriales para percibir a un nivel excepcional. Sin embargo, la complejidad de nuestro sistema nervioso es tanta, que tenemos la capacidad de registrar inconscientemente detalles de nuestro entorno. Es lo que las enfermeras en el ejemplo antes relatado han llegado a contar como experiencia para "leer" claves tales como mínimos cambios de color en la piel, tonicidad muscular o movimiento de los ojos. Y al advertir los detalles de una clase entera, los profesores pueden haber expandido la capacidad de su visión periférica para contar con una visión de "pantalla grande" del entorno. Sin embargo, los formadores sensibles al "clima" de un grupo en formación tal vez estén considerando toda una serie de pistas para juzgar cuál será la estrategia apropiada, como, por ejemplo, la forma en que se sientan las personas en relación con los demás, la postura corporal, la expresión facial, el tono de voz. El hecho de que estas capacidades se desarrollan a través de la experiencia hasta que operan inconscientemente es una de las razones por las cuales a los profesionales les resulta difícil describir cómo hacen lo que hacen. Es casi como si al detenerse para analizar cómo están pensando lo que piensan, la habilidad para realizar juicios intuitivos pudiera quedar entorpecida (ver FIGURA 4).

> Los científicos de la Clínica Mayo están estudiando los *"yips"* experimentados por los golfistas. *"Yips"* son las tácticas de dilación que muestran los golfistas antes de hacer un *putt* o golpear la bola, cuando parecen incapaces de darle a la bola y tienen que llevar a cabo un elaborado ritual. Los científicos están estudiando los procesos neurológicos, y creen que sus hallazgos podrán ayudar a aliviar distintos problemas. Los primeros descubrimientos indican que cuando un golfista tiene el *"yip"*, el lado izquierdo del cerebro (analítico, lógico) se encuentra más activo.
> Para los golfistas de toda condición podría ser una nueva regla de oro. Sería así: se ha percibido que los golfistas golpean mejor la bola cuando el lado izquierdo del cerebro, el lado analítico, está quieto y cuando, por lo tanto, del movimiento se ocupa el lado derecho del cerebro, el lado instintivo.
> La mayoría de los golfistas saben esto de una manera en cierta forma semiinconsciente, de ahí el cliché "parálisis por análisis".

El famoso golfista Bobby Jones siempre recomendaba "caminar hasta la bola, echar una mirada al hoyo, porque el cerebro habrá registrando la distancia, y luego golpear enseguida", es decir, intuitivamente, no dejando que el cerebro analítico se entrometa. A otro golfista de Estados Unidos, Henry Longhurst, se le preguntó si alguna vez había tenido *"yips"*. Pensó durante un instante antes de responder: "No, pero soy un portador".

FIGURA 4
Los "Yips"
Fuente: Alistair Cook, Letter from America (Carta desde América), BBC Radio 54, 27 de julio de 2003.

Aunque probablemente podamos comprender que eliminar el componente analítico puede servir cuando se golpea una pelota de golf, la docencia es una actividad mucho más compleja que un juego de golf (aunque una colega mía, que es fanática del golf, probablemente no estaría de acuerdo). Entonces, mientras en la actualidad se reconoce que el uso de la intuición es un aspecto importante de la práctica profesional, queda un motivo para que, al lograrse mayor control crítico sobre su uso, la intuición se vea aumentada.[7] Si realmente nuestro objetivo es un comportamiento flexible para lidiar con la complejidad de la práctica docente, debemos desarrollar una gama de "intuiciones con cierta base" para sustentar la elaboración de decisiones complejas en el momento.[8]
Encontramos una ilustración de cómo se pueden generar juicios intuitivos mientras perdura un elemento de control en cómo se desarrolló mi estrategia para calificar ensayos. Cuando comencé a trabajar dictando conferencias, descubrí que calificar ensayos me resultaba una tarea muy difícil. Me esforzaba por analizar medidas objetivas de calidad —¿estaba bien estructurado el ensayo?, ¿incluía todos los hechos fundamentales?, ¿respondió bien a la cuestión?— y luego armaba un complicado procedimiento ma-

temático para calificarlos. Con la experiencia, desarrollé una estrategia diferente. En la actualidad, leo un ensayo hasta el final y obtengo un "sentido" de la calificación. Sólo después de eso compruebo mi evaluación intuitiva releyendo todo para considerar las medidas objetivas, y el noventa y nueve por ciento de las veces las pruebas objetivas confirman mi juicio intuitivo inicial. Sin embargo, todavía debo aplicar algún análisis objetivo para confirmar que mi reacción intuitiva resultó un juicio profesional correcto.

Así pues, regresemos a esta idea de la *agudeza sensorial* y la manera para usarla como herramienta crítica que sustente el desarrollo de la intuición. La palabra "agudeza" utiliza, en realidad, un adjetivo como sustantivo. Si buscas definiciones, en algún diccionario hallarás "penetrante en percepción" o "sensible". Aplicar estas actitudes a lo que vemos, oímos y sentimos implica despertar nuestra conciencia de la información que recibimos de nuestros sentidos y probar la validez de nuestras percepciones para poder desarrollar una base correcta para los juicios intuitivos.

Otros han descrito este proceso con más elocuencia. Existe un libro clásico sobre la escritura que me fascinó la primera vez que lo leí, en el cual el autor describe la práctica de pasar de estar absortos en nuestro propio mundo personal a notar más de lo que normalmente notamos:

> *Es perfectamente posible librarte de tus preocupaciones, negarte el permiso de envolverte en una capa de olvido noche y día, aunque es más difícil de lo que uno pensaría aprender a volver la atención hacia afuera nuevamente, tras años de inmersión en nuestros propios problemas... Trata de ver tu casa, a tu familia, a tus amigos, tu escuela o tu oficina, con los mismos ojos que usas cuando estás lejos de tu propia rutina diaria. Hay voces que has oído tan a menudo que te olvidas de que tienen un timbre propio; a menos que seas extremadamente hipersensible, lo más probable es que no te des cuenta de que tu mejor amigo tiene tendencia a usar algunas palabras con tanta frecuencia que, si tuvieras que escribir una oración con esas palabras, cualquiera que lo conozca sabría a*

quién estás imitando... Por el simple medio de negarte a caer en la indiferencia y el aburrimiento, puedes tocar y revivir... cada aspecto de tu vida.[9]

La "capa del olvido" es una manera prolija de describir cómo podemos quedar cegados por nuestras preocupaciones personales. Dado que la información de nuestros sentidos construye nuestra *re*-presentación mental del mundo (ver **HÁBITO 1**), debemos comprobar constantemente la información para asegurarnos de que nuestro "mapa" mental particular esté actualizado. Debemos permanecer alertas al peligro de prejuzgar o estereotipar a la gente y las situaciones por culpa de que nuestro mapa mental haya quedado atrapado en experiencias pasadas. La intuición se desarrolla a partir de la experiencia, pero sólo es confiable si estamos muy conscientes de esa experiencia para asegurarnos de que los juicios profesionales que surgen de la intuición tengan una base sólida y segura. Aquí es muy vital la conciencia de lo que realmente estamos percibiendo a través de los sentidos. El **Hábito 2** nos desafía a distinguir lo que notamos con más cuidado, y a no suponer cosas acerca de lo que estamos viendo, oyendo o sintiendo. Podemos notar que una persona tiene el rostro enrojecido, pero si respondemos con un comportamiento basado en la presunción de que esa persona está avergonzada o enojada, entonces podríamos caer en una malinterpretación cuando la persona, en realidad, es meramente hipersensible a la temperatura. A menudo ocurría que los adolescentes con los que yo trabajaba se ofendían mucho frente a lo que interpretaban como una "mirada asesina" de parte de uno de sus compañeros, y esto llevaba a una confrontación que simplemente podría haberse evitado.

④ Pausa para pensar

Descripciones basadas en los sentidos

En la siguiente lista de descripciones, aparecen algunas observaciones de gran calidad basadas en los sentidos. Otras representan metáforas personales. Algunas rayan, incluso, con lo que se podría considerar una alucinación. Como guía útil para determinar si una palabra o frase es una lectura mental o una descripción en términos con base sensorial, puedes hacer esta pregunta: "¿Cómo lo sabes?".
Escribe una X junto a cada afirmación que está completamente descrita en lenguaje con base sensorial.

①〇 Sus labios se estrecharon y los músculos de su rostro se tensaron.
②〇 Había una expresión cálida en su rostro.
③〇 Resultaba obvio que ella se sentía aliviada.
④〇 Podía adivinar que su corazón latía a un kilómetro por minuto.
⑤〇 Ella está presionada por las responsabilidades de su trabajo.
⑥〇 El tempo de su discurso se aceleró y subió de tono.
⑦〇 Cuando lo tocaste, pude ver la curiosidad en su rostro.
⑧〇 Repentinamente, su respiración era superficial y su pecho casi no se movía.
⑨〇 Al dilatarse sus pupilas, miró con incredulidad total.
⑩〇 Ella miró hacia abajo y adelante, y su rostro se sonrojó.
⑪〇 Podía oír la alegría en su voz mientras ella hablaba.
⑫〇u respiración se aceleró cuando él se inclinó hacia adelante.
⑬〇 Cuando sonrió, supe que ella estaba encantada.
⑭〇 Respiró hondo y parpadeó.
⑮〇 Su voz sonó más fuerte porque parecía muy emocionado.
⑯〇 Cuando ella respiró hondo, sus labios se estrecharon.

Fuente: Consultora Stenhouse.

La agudeza sensorial nos permite conectarnos con mensajes más sutiles del lenguaje no verbal de otras personas. Juzgamos el significado de una persona tanto por su tono de voz como por las palabras que usa (estar más agudamente sintonizado con los matices del tono de voz y de la inflexión puede elevar nuestra sensibilidad para saber si hay un mensaje que subyace a las palabras que se pronuncian). Juzgar cómo sentarse o pararse con relación a otras personas puede influir en un vínculo, igual que juzgar si tocarse es correcto (ver **HÁBITO 5**). Si alguna vez has estado en una situación donde otra persona malinterpretó la distancia entre ustedes y se entrometió en tu zona de confort personal, entonces entenderás lo incómodo que esto puede ser. La agudeza sensorial significa que evitas estos malentendidos porque tienes una sensibilidad intensificada frente a la conducta de otra persona.

 Pausa para pensar

Lo mismo/diferente

Toma tres monedas del mismo valor y ponlas en fila frente a ti.
Ahora haz la siguiente pregunta: "¿Qué relación tienen estas tres monedas?".
¿Cómo respondiste?
"Son iguales": Probablemente eres la clase de persona a la que no le agrada el cambio y prefiere que las cosas sigan siendo iguales. Una vez que aprendiste cómo hacer algo, posiblemente sigas haciéndolo igual. En una situación nueva, buscarás algo en común con tu experiencia previa. Es posible que evalúes a tus alumnos a partir de sus similitudes con alumnos que has tenido antes.
"Son iguales, pero tienen algunas diferencias": Te gusta que las cosas sigan siendo básicamente iguales pero puedes soportar el cambio gradual. En general, la estructura

cronometrada del día escolar y los semestres te hace bien; puedes aceptar algunos cambios en tanto no afecten demasiado tu rutina normal.

"Son diferentes, pero tienen algunas similitudes": Te gusta un poco de regularidad en tu trabajo cotidiano, pero, por lo general, tiene que haber algo de novedad en tu vida laboral. Sólo puedes enseñar la misma asignatura durante cierta cantidad de años si hallas nuevas formas de presentar el material.

"Son diferentes": Te encanta el cambio. Sólo eres capaz de permanecer en el mismo trabajo a largo plazo si existen suficientes cambios que te planteen desafíos. Ves a cada alumno como un ser único y diferente, de modo que constantemente adaptas tu enseñanza y buscas formas innovadoras de presentar el material.

Los docentes altamente eficaces trabajan dentro del marco y la regularidad de la vida escolar, pero están conscientes de la necesidad de evolucionar para satisfacer circunstancias cambiantes. Están alerta frente a las diferencias que hay en los estudiantes y pueden adaptar sus métodos de enseñanza según las necesidades de los alumnos. Como reconocen que las personas aprenden de formas diferentes, evitan caer en la trampa de enseñarles en su propio estilo de enseñanza favorito. No tienen "una forma" de comunicarse con otras personas. Pueden adaptar su enfoque porque son conscientes de la gama de respuestas verbales y no verbales, y constantemente verifican que se los entienda.

Al igual que ocurre con las capacidades, el camino a la pericia es la práctica. El **Hábito 2** implica el entrenamiento de tus sentidos al notar más sobre el entorno en el que vives y trabajas. Puedes lograrlo de manera general imaginándote que eres un extranjero que ve por primera vez el ambiente. Quizá te sorprenda lo que verás (como el dedal, cosas que han estado ahí todo el tiempo, pero que nunca antes habías notado). Te sorprenderá lo que puedes oír cuando te detienes para hacerte consciente de los distintos sonidos que puedes oír todo el tiempo. Comenzarás a notar que los olores pueden evocar recuerdos poderosamente (los nervios olfativos de la cavidad nasal están cerca de la parte del cerebro que se ocupa de la memoria y las emociones).

El **Hábito 2** también trata sobre prestar mucha atención a la gente con la que entras en contacto. Sin recurrir a mirar fijamente (lo que podría meterte en problemas), puedes decidir notar un rasgo particular en cada persona con la que te encuentras durante un día, o bien puedes ver cuántas cosas a las que no les prestabas atención antes puedes notar ahora (ver FIGURA 5). Una vez que has notado los rasgos sutiles de la fisiología y la conducta de otras personas, puedes comenzar a notar más cosas sobre cómo cambia la gente minuto a minuto. Esta preparación es esencial para el **Hábito 5**.

	Notar:
Voz	▶ Tono/ritmo/inflexión/acento
Piel	▶ Color/brillo/ tonicidad muscular
Ojos	▶ Movimientos: combinaciones arriba/abajo/ izquierda/derecha/ dilatación de pupilas/ agrandar/ grado de contacto visual
Expresiones faciales	▶ Movimientos de cejas, sonrisas, fruncir, hacer muecas, tensar músculos

Tamaño del labio	▶	Apretar
Cabeza	▶	Inclinada a un lado/ erguida/ hacia abajo
Postura corporal	▶	Inclinada/erguida
Gestos	▶	Movimiento de las piernas/ brazos/ gestos de las manos/ tamborileos con el pie/ movimientos nerviosos

FIGURA 5
AGUDEZA SENSORIAL: ALGUNAS COSAS PARA OBSERVAR

El significado de tu comportamiento es la respuesta que recibes[10]

Como ocurre con todas las cosas en las que desarrollamos capacidades, al principio somos conscientes de lo que estamos haciendo, pero tras mucha práctica realizamos un desempeño inconsciente. Es como andar en bicicleta o tipear. Aprendí a tipear hace muchos años, y me considero muy veloz sobre un teclado. Pero si me piden que diga el orden de las letras en el teclado, me costaría mucho. Necesitaría utilizar mis dedos para tipear una palabra y así recordar mentalmente el orden en las teclas. La práctica constante del tipeo ha llevado al desarrollo de una conexión de redes neural que permite procesar y actuar con gran rapidez.[11] Así que ahora parecería que puedo tipear sin consultar ninguna memoria mental del orden de las teclas.

¿Podemos relacionar este ejemplo con la pericia profesional que implica la docencia? La pericia profesional es mucho más complicada que el tipeo, y lleva muchos años adquirirla. Sin embargo, tenemos la misma neurología para desarrollar ambas, y si continuamos con el ejemplo del tipeo, podemos comprender más sobre su funcionamiento. Yo "sé" si he tipeado una letra equivocada, porque mi sentido del tacto me dice que he cometido un error. Mi sentido del tacto ha sido desarrollado por la experiencia, prestando atención a la reacción crítica o *feedback* en forma de la sensación física cuando mis dedos accionan la tecla correcta, y la exactitud del producto final. En el desarrollo del profesionalismo docente, el *feedback* o reacción crítica provendrá de las reacciones de los alumnos, los comentarios de los colegas y de tu propia reflexión y autoevaluación. Tanto la práctica extendida como el *feedback* son necesarios para alcanzar la competencia profesional.[12] Los buenos maestros saben que el *feedback* es un elemento esencial para desarrollar el autoconocimiento y la flexibilidad de comportamiento.

La forma más obvia para obtener *feedback* sobre nuestro comportamiento es la reacción de otras personas. Si la gente responde positivamente a nosotros, podemos saber que nuestro comportamiento concuerda con nuestro propósito. De igual manera, si hallamos resistencia, entonces sabremos que debemos considerar cómo nuestro comportamiento puede estar provocando resistencia.

Hay dos formas para hacer esto. Podemos reflexionar sobre nuestro comportamiento, pensar sobre lo que puede haber en él que cause resistencia o contribuya a un resultado insatisfactorio, y considerar estrategias alternativas (ver **HÁBITOS 5 y 7**). O podemos intentar un enfoque directo. Es decir, cuando nos encontramos trabajando con gente con quien la relación resulta insatisfactoria, podemos preguntarle cómo podríamos cambiar nuestro comportamiento para mejorar la relación.

Si tu primera reacción a esta afirmación es parecida a ésta: "¿Y si son los demás los que se comportan de manera complicada?", vuelve a mirar el subtítulo de esta parte. Sugiere que podemos tener una intención, pero si otras personas perciben nuestro comportamiento de manera diferente, entonces nuestra intención no se logra. Así que, si queremos descubrir cómo lograr nuestra intención, debemos averiguar cómo nos encontramos con los demás. El conocimiento que obtengamos de esto nos ayudará a adaptar nuestro comportamiento para lograr un resultado más productivo.

Aquí vuelve a aparecer la palabra con F: flexibilidad. La flexibilidad surge cuando estamos preparados para aceptar que no podemos suponer siempre que los demás perciben correctamente nuestra intención. Podemos juzgar si es por la reacción, o podemos preguntarles su evaluación de nuestro comportamiento. Como ocurre al tipear, la única forma de saber si hemos dado en la tecla correcta es por medio del *feedback* que recibimos: ya sea por el resultado que logramos o por lo que la gente nos dice.

La ventana de Johari (FIGURA 6) muestra cómo esto nos puede ayudar a descubrir más sobre nosotros mismos. Muestra que hay información que conocemos sobre nosotros mismos, parte de la cual revelamos a otras personas. Nunca podemos saber exactamente cómo nos perciben los demás: es una zona "ciega". Hay cosas sobre nosotros mismos que dudamos en revelar: ésa es una zona "escondida". El **Hábito 2** involucra ser más abierto sobre nosotros mismos y pedir a otros su opinión (*feedback*). El **Hábito 2** busca extender la ventana "abierta", que mejora las relaciones.

Por supuesto, la forma en que pedimos *feedback* de otras personas guarda una relación fundamental con el valor del *feedback* que recibimos. Podemos evaluar la calidad de una relación preguntando alegremente: "¿Cómo la ves tú?", pero lo más probable es que no obtengamos una respuesta que nos sirva mucho para nuestro aprendizaje y desarrollo. Las respuestas tales como "Bien", "Está perfecta para mí" o "Genial" pueden hacernos sentir bien con nosotros mismos, pero no nos dicen nada sobre lo que podamos trabajar para desarrollar nuestro profesionalismo.

	Conocido por el yo	No conocido por el yo
Conocido por otros	Abierto	Ciego
No conocido por otros	Escondido	Desconocido

FIGURA 6
LA VENTANA DE JOHARI
Fuente: Luft, 1969.

Un mayor empoderamiento profesional sólo puede provenir del *feedback* que describa específicamente nuestra conducta y se relacione con aquellos comportamientos que se hallan bajo nuestro control. Por ejemplo, no nos sirve de mucho que alguien nos diga que nuestro acento lo pone nervioso, pero nos resulta útil que expresen que sonaríamos más convincentes si utilizáramos un tono de voz distinto. Podría ser desalentador escuchar que nuestra apariencia resulta desagradable, pero sí es útil que nos comenten que si nos paráramos de forma distinta o gesticuláramos menos cuando hablamos, entonces lograríamos un aire más marcado de autoridad. No es particularmente útil que nos adviertan que no nos encorvemos, pero sí nos sirve el *feedback* para saber que podemos mejorar una relación si hacemos mayor contacto visual cuando hablamos con la gente.

El **Hábito 2** quiere decir tener la confianza de pedir el *feedback* que necesitamos para crecer profesionalmente. Si lo que nos dicen no cumple la lista de criterios (ver PAUSA PARA PENSAR 6), podemos usar preguntas abiertas para obtener más información útil; por ejemplo:

- ¿Cómo fue exactamente que mi comportamiento exacerbó la situación?
- ¿Qué fue específicamente lo que dije que no ayudó nada?
- ¿Qué más podría haber hecho yo?

- ¿Qué más podría haber dicho?
- Me sentí incómodo en esa situación, ¿qué podría haber hecho?
- ¿Cómo podría ser más firme?
- ¿Soné muy mandón? ¿Qué puedo hacer para solucionarlo?
- ¿Parecí irrespetuoso? ¿Cómo podría haber dicho las cosas de manera diferente?

Y por supuesto no deberíamos olvidar el valor del *feedback* positivo:
- Sentí que había manejado muy bien esa situación. ¿Qué te parece a ti?
- Sentí que gané confianza al ocuparme de eso. ¿Te di impresión de más confianza?
- Pienso que mantuve la voz serena y controlada. ¿Cómo me escuchaste tú?

 Pausa para pensar

Feedback: Apoyo emocional o castigo[13]

Apoyo emocional	Castigo
Se ocupa de la conducta, no de la persona	Se ocupa de la persona, no de la conducta
Describe la conducta	Realiza juicios sobre la conducta
Es específico y directo	Es general e impreciso
Se enfoca en conductas que el receptor puede controlar	Se refiere a conductas que escapan al control del receptor

Las necesidades del receptor son el foco	Está distorsionado por las necesidades del remitente
Incluye sentimientos reales	Los sentimientos están escondidos, negados, tergiversados o distorsionados
Afirma el valor del receptor	Engrosa el valor del remitente

Recordar: No hay fracaso, sólo *feedback*[14]

UNA BASE PARA LA FLEXIBILIDAD

El **Hábito 2** alienta la flexibilidad mental y de conducta. Pero lograr que la flexibilidad sea una única meta no asegura alcanzar el empoderamiento profesional. Llevada al extremo, la flexibilidad de pensamiento y acción puede tener como resultado quedar seducidos con la idea de que el cambio y la innovación son las únicas metas que vale la pena perseguir. El sociólogo Richard Sennett ha señalado las repercusiones de la búsqueda, en la sociedad actual, de formas de destruir los males de la rutina creando instituciones más flexibles; le preocupa que las prácticas de flexibilidad se enfoquen mayormente en las fuerzas para doblegar a la gente.[15]

Sennett afirma que, al recomendar la flexibilidad, aquellos que controlan las organizaciones suponen que la flexibilidad implica cambio, cuando en realidad se trata de cierto tipo de cambio. No es la clase de cambio que mantiene lazos con lo que ocurrió antes, sino más bien una ruptura, porque el cambio busca decisiva e irrevocablemente reinventar las instituciones. Docentes de larga data ya han experimentado los caprichos políticos cambiantes que insistieron en que el cambio es para desarrollar un sistema educativo más flexible. Pero estos cambios frecuentemente han sido impuestos sobre la base de una agenda política en vez de partir de la consulta o la consideración de los efectos potenciales sobre la experiencia educativa.

La base de mi defensa de la flexibilidad es distinta. Sennett describe que se presiona a las organizaciones para que logren flexibilidad, pero yo propongo una flexibilidad mental y de conducta individuales, que nos empoderen para lidiar con un entorno cada vez más complejo. Ya no puede justificarse una posición rígida del estilo "De esta forma lo hemos hecho siempre". Debemos ser abiertos en cuanto a nuestra profesión para poder adaptarnos a los cambios que pueden resultar beneficiosos. Y a partir de una base bien informada, también tenemos que estar preparados para afrontar los cambios por los beneficios que conllevan. Sin embargo, las advertencias de los escritos de Sennett nos alertan sobre un elemento esencial que hay que incluir para que la flexibilidad resulte exitosa. Encontramos una pista en el significado original de la palabra "flexibilidad", que deriva de la observación de que, aunque un árbol pueda doblarse con el viento, sus ramas regresan enseguida a su posición original.[16]

Por lo tanto, un elemento esencial para poder exhibir una conducta flexible es algo que asegurará que "regresemos" a una cierta clase de posición de base. El **Hábito 1** describe una forma: podemos practicar diferentes conductas en distintos roles si tenemos un sentido claro de la identidad en donde estamos fundados. Y existe otra forma práctica para asegurar que regresemos emocionalmente a donde queremos estar: podemos utilizar el proceso de "anclar".

Anclas

Parte del empoderamiento es aceptar que podemos tener el control de nosotros mismos, y no solamente manejar nuestra conducta. Para lograrlo debemos aceptar que podemos dirigir nuestro "estado" cada vez que lo necesitemos. Por "estado" quiero decir la combinación de condiciones mentales, físicas y emocionales que experimentamos en determinado momento. (Continuaré con este tema en **HÁBITOS 3** y **6**.)

Piensa por un momento en los factores externos que se dan naturalmente e influyen en tu "estado". ¿Hay partituras musicales que te llevan a cierto estado de ánimo en un instante? Mi hijo y mi hija siempre ponían música muy animada para levantarse el ánimo cuando salían por la noche, ¡y la ponían muy fuerte! Por otro lado, puede existir alguna melodía que te serene. ¿Alguna vez utilizaste música para provocar cierto estado de ánimo en tu clase? Yo lo hice y con muy buenos resultados cuando enseñaba; la gente joven que nunca había oído sobre Mozart o Vivaldi llegó a recibir con agrado este acompañamiento de la tarea escolar en clase.

¿Y usaste imágenes pictóricas? ¿Llevas contigo fotografías de seres amados, porque cada vez que las miras te sientes bien? ¿Tienes fotos de las vacaciones que te brindan una repetición instantánea del tiempo feliz que disfrutaste? ¿Has elegido carteles o imágenes porque quieres cultivar un clima emocional determinado en tu clase? ¿Hay ciertos objetos que son como amuletos de buena suerte para ti? Tengo dos guijarros de cristal que me dieron hace años cuando era estudiante. Me recuerdan el amor y respeto con que me los entregaron. Cada tanto, los tomo y los hago rodar entre mis dedos. Hay algo muy relajante y a la vez estimulante en esas rocas.

Esto no es nada nuevo. Pavlov estableció el principio con sus experimentos con perros a comienzos del siglo pasado. Demostró que si se asociaba una señal exterior (una campana) con la provisión de comida, finalmente el animal salivaría ante el sonido de la campana cada vez que la comida tardara en llegar. De la misma manera, algo que vemos, oímos o tocamos (olemos o saboreamos) puede disparar una respuesta emocional o psicológica.

Los ejemplos arriba mencionados han ilustrado cómo un disparador puede iniciar un "estado" particular positivo. Y, por supuesto, el principio funciona a la inversa. Algunos de los primeros trabajos que en la década de 1920 aplicaron los hallazgos de Pavlov a los seres humanos establecieron el miedo por asociación en un niño.[17] Personalmente, el sonido del torno del dentista me llena la boca de agua, rechino los dientes cuando toco escamas de pescado y hay muchas imágenes visuales que no puedo mirar, porque me descomponen. Imagino que no te resultará muy difícil pensar en ejemplos tuyos.

Pero ¿por qué haríamos eso? ¿Por qué nos interesaría seguir respondiendo a estímulos externos de manera negativa? ¿Por qué no aplicar el principio en nuestro propio beneficio? Sabiendo que a veces necesitamos saltar hacia atrás para llegar a cierto estado emocional y fisiológico, ¿por qué no usar un disparador externo que nos ayude en esto?

Las anclas nos permiten precisamente esto. El término "ancla" está bien elegido para nuestros propósitos, si consideras la función de un ancla. Un ancla asegura una posición firme para el barco. Un ancla es fuerte y pesada, como para resistir las sacudidas del viento y el clima. Un ancla viaja con el barco y se la usa cuando es necesaria.

Ya tendrás objetos u oportunidades en tu vida que te proporcionen este factor que te hace "sentir bien". Tras leer esto, tal vez logres considerar otras cosas que puedes establecer para ti; cuantas más sean, mejor. Y podemos empoderarnos estableciendo anclas que nos estabilicen en un estado particular positivo (ver PAUSA PARA PENSAR 7). Los docentes altamente eficaces pueden reaccionar ante determinadas situaciones exhibiendo una gama de conductas flexibles, sin dejarse llevar por las exigencias que pesan sobre ellos. Pueden acceder a sus recursos interiores cuando necesitan estabilizarse en un estado mental, emocional y físico congruente.

7 Pausa para pensar

Establecer el ancla sinestésica

Esta ancla se dará en la forma del tacto. Lo bueno del caso es que no depende de ningún factor externo; el ancla se puede soltar en cualquier momento y lugar.
Primero hay que decidir cómo fijar tu ancla. Podría ser al tocar un nudillo particular, juntar dos dedos, tocar un lugar sobre la muñeca o el brazo. Sé muy específico, porque debes utilizar siempre el mismo lugar para soltar el ancla.
Ahora comienza el proceso:

1 Recuerda un tiempo en el que experimentaste la sensación de estar totalmente en control de ti mismo. Un tiempo en el que sentías confianza, cuando tus poderes mentales, físicos y emocionales estaban alineados.

2 Mientras recuerdas ese momento, sumérgete en tu memoria. Vuelve a ver lo que sucedió, escucha los sonidos, experimenta nuevamente la sensación de confianza, de tener el control total.

3 Cuando alcances el punto de experimentar plenamente la sensación, toca el lugar que has elegido como tu ancla durante unos segundos.

4 Retrocede en tu memoria. Mira a tu alrededor y nota algo particular de lo que te rodea. Rompe completamente el estado mental y emocional.

5 Repite dos veces más el proceso desde el **Paso 2**, utilizando el mismo recuerdo y el mismo lugar como ancla. Recuerda "romper el estado" limpiamente cada vez.

6 Ahora prueba el ancla tocando el lugar. Si la has fijado bien, podrás experimentar la sensación sin tener que acceder al recuerdo original.

¡Bien hecho! Ahora tienes un sentimiento bajo tu control. Puedes regresar a esa sensación de confianza y control cada vez que lo necesites.

Conclusión

La complejidad de la vida laboral del docente implica que tendrás que tomar mil decisiones cada día: cómo responder a un alumno en particular, cómo hablar con un padre, cómo aconsejar a un colega, cómo adaptar una lección ya planeada para ajustarte a los diferentes estilos de aprendizaje. En todo existen opciones, y nuestro enfoque dependerá de las decisiones que tomemos. Podemos elegir sumergirnos en nuestras ocupaciones, que se volverán acciones rutinarias. O podemos adoptar el **Hábito 2** y abrir nuestros sentidos a las oportunidades que se presentan para desarrollar flexibilidad en pensamiento y conducta. Incluso algunos de los descubrimientos científicos más importantes se logran porque alguien prestó más atención a un evento rutinario de lo que la situación parecía justificar. Como Arquímedes, cuando se metió en su bañera. Si meramente hubiera pensado: "Demonios, otra vez mojé el suelo, ¿qué dirá mi mujer?", hubiéramos tenido que esperar otros cientos de años para comprender el principio del desplazamiento del líquido.[18]

El **Hábito 2** implica estar alerta a la información de nuestros sentidos para desarrollar la habilidad de actuar flexible e intuitivamente. Significa estar consciente y receptivo a las diferencias que se presentan en los estudiantes y los colegas. También, implica identificar activamente la clase de *feedback* que nos permite desarrollar una gama flexible de conductas. Los buenos docentes reconocen la necesidad de adaptar su propia conducta si los alumnos no están aprendiendo o si no reciben la respuesta que buscan de parte de los demás.

La enseñanza es una profesión exigente, pero puedes desarrollar los recursos para resistir las sacudidas de sus exigencias. El empoderamiento surge como consecuencia de tener el control de todo tu ser, no simplemente de dirigir tu conducta. Puedes adaptarte para cambiar allí donde resulte beneficioso, pero debes estar preparado para cuestionarlo siempre que no sea así. El **Hábito 2** implica tener la capacidad de acceder a tus recursos interiores para actuar con eficiencia en lo que resulta un entorno laboral cada vez más complejo.

Reflexión: El camino de aprendizaje hacia un profesionalismo empoderado

Al principio —cuando no sabemos lo que no sabemos— nos hallamos en un estado de *incompetencia inconsciente*.
Cuando tomamos conciencia del aprendizaje que necesitamos para obtener logros, avanzamos a la *incompetencia consciente*.
Una vez que ya sabemos lo que debemos hacer, todavía necesitamos la conciencia para poner en práctica las nuevas capacidades o conocimientos. Ahora nos encontramos en una etapa de *competencia consciente*.
Cuando nos volvemos experimentados, podemos actuar y responder a situaciones sin pensamiento consciente, de manera aparentemente intuitiva. Nos hallamos en una etapa de *competencia inconsciente*.*

*¡Advertencia sana para el empoderamiento!
Nos podemos quedar atascados aquí, pensando que sabemos todo lo que necesitamos saber para funcionar como un profesional. El empoderamiento quiere decir tomarse *conscientemente* el tiempo y el esfuerzo de revisar cómo estamos actuando, reflexionar sobre el *feedback* que recibimos de nuestros sentidos y de otras personas, y adaptar nuestro comportamiento todo lo que sea necesario. Si no ajustamos ni seguimos nuestro mapa del mundo constantemente, éste pronto quedará desactualizado.

Notas

1 Una de las presuposiciones de la Programación Neurolingüística.
2 Ehrenberg, 1991.
3 Birgestam, 2002.
4 Atkinson y Claxton, 2000, p. 7.
5 Atkinson, 2000, pp. 53-65.
6 Dennett, 1991, p. 337.
7 Eraut, 2000, pp. 255-268.
8 Brown y Coles, 2000, pp. 165-181.
9 Brande, 1934.
10 Otra presuposición de la Programación Neurolingüística.
Si no hay fallas de conducta o comunicación, sólo reacciones y *feedback*,
se concluye que, si no estás recibiendo la respuesta que quieres,
deberías hacer algo diferente. (Ver Apéndice 1.)
11 Greenfield, 1997.
12 Atkinson, 2000, pp. 69-83.
13 Ver Consultora Stenhouse.
14 Otro de los principios de la Programación Neurolingüística. (Ver Apéndice 1.)
15 Sennett, 1998, p. 46.
16 *Ibid*.
17 El caso del pequeño Albert. Ver Watson y Rayner, 1920.
18 Csikszentmihalyi, 1997, p. 104.

3

HÁBITO

Tomar medidas contra el estrés

*Cuando el trabajo es un placer,
¡la vida es una alegría!
Cuando el trabajo es un deber,
la vida es esclavitud.*[1]

Como las nociones sobre el "estrés" se han convertido en un lugar común, resulta fácil olvidar que el estrés es un fenómeno relativamente reciente con respecto a la condición humana. "Estrés" sigue usándose para indicar fuerzas aplicadas a un cuerpo (por ejemplo, en ingeniería), pero también actualmente aceptamos "estrés" como una palabra que indica una tensión emocional o mental ejercida sobre los seres humanos. Ciertamente, en el mundo occidental estamos mejor alimentados, poseemos mejores viviendas y tenemos una expectativa de vida más larga que nuestros ancestros de siglos anteriores. Pero las condiciones del siglo XX que han generado mejoras en nuestra salud y bienestar también han hecho surgir efectos físicos y mentales perjudiciales como resultado de nuestra manera de organizar la vida y el trabajo.

La incidencia e interés del estrés en el lugar de trabajo creció a la par del crecimiento de las organizaciones y la complejidad creciente de nuestro mundo moderno. A medida que las organizaciones se hicieron más grandes y complejas, y la vida tomó un ritmo más veloz, se hizo también cada vez más evidente que los estilos de vida modernos se cobran un precio en enfermedades causadas por el estrés. El Día Nacional de la Conciencia sobre el Estrés, en el Reino Unido, es un indicador de que el estrés es ahora reconocido como parte de nuestra forma de vida.

Los investigadores se han interesado en este fenómeno. Ellos priorizan listas de sucesos de la vida que potencialmente inducen al estrés, a fin de que la gente pueda descubrir si hay tantos de ellos en su estilo de vida, que se encuentran en peligro de sufrir los efectos del estrés. Los trabajos más estresantes ocupan los primeros lugares (la docencia siempre aparece en un puesto alto entre las ocupaciones). Y los psicólogos intentaron definir por qué algunas personas sucumben a los efectos físicos y mentales del estrés y otras no. ¿Se debe a algunas características particulares de la personalidad, o algunas personas desarrollan mejores habilidades que otras para lidiar con el estrés?

En la docencia, es imposible evitar la importancia del contexto laboral como un factor que influye en el estrés: el cuarenta por ciento de la comunidad educativa muestra altos niveles de estrés, una cifra mucho más alta que la del sector de enfermería, de gerenciamiento y de otros sectores públicos. Si aceptamos que es altamente improbable que la profesión docente atraiga a una mayoría de esas personas que tienen menor resiliencia frente al estrés, entonces podemos llegar a la conclusión de que hay algo en las condiciones laborales que produce como resultado esta altísima incidencia. Los docentes altamente eficaces comprenden cómo el estrés puede deteriorar la salud física y mental, y son capaces de enfrentar y lidiar con sus propias condiciones de trabajo que inducen el estrés. El **Hábito 3** significa que son capaces de recurrir a una variedad de estrategias para mantener su salud mental y su energía física. Los docentes altamente eficaces también reconocen y desarrollan los otros dos hábitos clave que resultan de esencial importancia para enfrentar el estrés.

El primero de ellos es el **Hábito 4: Tomarte tu tiempo**. Los docentes altamente eficaces tienen en claro cuál es nuestro recurso más valioso —el tiempo— y desarrollan las capacidades para priorizar y lograr un equilibrio entre trabajo y vida. Saben que buscar una mejor administración del tiempo no implica solamente lograr hacer más cosas en el tiempo disponible (aunque ésa puede, obviamente, ser una consecuencia). Mejorar la administración del tiempo puede ayudarnos también a reconocer si lo que estamos intentando hacer es realmente incontrolable y es probable que impacte de manera negativa en nuestra capacidad de equilibrar trabajo y vida. Lograr más cosas en el trabajo también tiene que ver con reconocer cuándo nuestros cuerpos necesitan descanso y relajación, o ejercicio y estimulación física. Adoptar el **Hábito 4** nos permite incluir en nuestros estilos de vida las oportunidades de conservar y energizar nuestros recursos físicos y mentales.

Los docentes altamente eficaces también han adoptado el **Hábito 7: Practicar conductas de influencia**. Mucho estrés se genera en el sentimiento de estar abrumado por el trabajo, pero, por otro lado, el rol que otras personas desempeñan en relación con nuestra carga laboral también puede ser una fuente de estrés. La capacidad de enfrentar con firmeza a otras personas es fundamental al enfrentar el estrés. Los docentes altamente eficaces han aprendido dos cosas sobre la conducta enérgica. En primer lugar, comprenden y aceptan que todos tenemos ciertos derechos de igualdad como seres humanos. En segundo lugar, han desarrollado capacidades para poder lidiar con relaciones que amenazan su autoestima y tienen cierto impacto en su habilidad para lograr el equilibrio entre trabajo y vida.

Tanto el **Hábito 4** como el **Hábito 6** se ocupan de alcanzar un control personal. Junto con el **Hábito 2**, nos potencian para tomar el control y así alcanzar un buen equilibrio entre trabajo y vida, y enfrentar el estrés. Porque cuando nos sentimos "fuera de control", es cuando con mayor probabilidad sucumbimos a los efectos extenuantes de sentirnos estresados.

Los efectos del estrés

Parte de tomar el control significa comprender el estrés que nuestra vida moderna puede infligir sobre cuerpos pensados par actividades de una época mucho más antigua. Podemos tener "nuevos" cerebros evolucionados, podemos vivir en una era muy tecnológica, pero nuestros cuerpos siguen teniendo las exigencias funcionales de la vida de hace mil años. Como seres humanos estamos exquisitamente adaptados a reconocer y reaccionar frente a amenazas a la supervivencia que aparecen en forma de eventos repentinos y dramáticos. Si alguien bate palmas, daremos un salto, convocando un recuerdo genéticamente codificado del tigre diente de sable que aparece desde el monte.[2] Tal vez no nos encontremos con tigres diente de sable muy a menudo en nuestras vidas modernas, pero nuestro sistema nervioso conserva una reacción "sobresaltada". Nuestros sistemas están diseñados para protegernos con una reacción cuando nuestro cerebro señala "¡Peligro!", sin que sepamos qué clase de forma ha tomado el peligro. En nuestro estilo de vida moderno tal vez tome el aspecto de una entrevista, de la perspectiva de enfrentarnos a una clase rebelde o reunirnos con un padre enojado, y no de algo que sea literalmente una amenaza contra nuestra vida.

Cuando ocurre esto, nuestro sistema nervioso involuntariamente se activa. Se liberan hormonas y se envían señales a diferentes partes de nuestros cuerpos. Nuestros músculos se tensionan, preparándose para la respuesta de "pelear o huir". Nuestra corriente sanguínea desvía energía de nuestro sistema digestivo para permitir que los músculos se preparen a reaccionar. La respiración se acelera. El sudor se incrementa para enfriar el cuerpo. Se seca la saliva, dejándonos la boca seca. El corazón se acelera y la presión sanguínea aumenta. El hígado libera azúcar para proporcionarnos energía rápida. Decrecen las respuestas inmunes, lo cual es útil a corto plazo para permitir una gran respuesta a una amenaza inmediata, pero dañino durante un largo período porque reduce nuestra capacidad para resistir infecciones.[3]

De forma menos extrema, estas reacciones pueden ocurrir muchas veces durante el día. Si se necesita una reacción física inmediata —como en el caso de que debas reaccionar físicamente con velocidad para asegurar que un niño esté a salvo—, el cuerpo se recuperará pronto de la oleada inicial de adrenalina. Pero la constante excitación de respuestas de pelea o huida tiene como consecuencia que el cuerpo a menudo se tense, listo para la acción, pero sin que se tome ninguna acción. En realidad, algunas personas llegan a un punto donde ya ni notan lo que está ocurriendo. Y la tensión sin acción lleva al estrés crónico.[4]

En un corto plazo, la tensión acumulada puede desembocar en dolores físicos, jaquecas, trastornos estomacales o sarpullidos. En el largo plazo, si esto no se resuelve, la tensión puede llevar a señales más graves de enfermedad. Mantener el cuerpo en un estado constante de excitación puede complicar el control normal de la presión sanguínea, provocando dolencias como úlceras estomacales y afectando gravemente la capacidad del cuerpo de mantener un sistema inmunológico sano para enfrentar las enfermedades. Y recurrir a "remedios" a corto plazo, como fumar, beber alcohol en exceso o comer demasiado también puede dañar la salud con el tiempo.

Existe también un elemento emocional que deriva del estrés. Sin un lenguaje que lo describiera, nuestros ancestros experimentaban emociones como estados cerebrales y respuestas corporales.[5] La reacción emocional es un mecanismo de respuesta muy veloz, que ocurre en milisegundos. La velocidad de reacción aseguraba la supervivencia de nuestros ancestros. (Ellos tenían una orientación más instintiva y menos lingüística que nosotros, pero, como ocurre con la reacción del "sobresalto", ciertas funciones emocionales quedan preservadas en el cerebro humano.)[6]

La relación exacta entre nuestro pensamiento y nuestras emociones es un tema que ha ocupado a los psicólogos durante la mayor parte del siglo XX. Para nuestros propósitos, basta reconocer la diferencia esencial entre nosotros mismos y nuestros antepasados, la diferencia que ha asegurado nuestra supervivencia como las criaturas más inteligentes del planeta. Esa diferencia es, por supuesto, que nuestros cerebros han desarrollado dos funciones muy importantes: la capacidad de pensar y razonar, y la de usar el lenguaje. Podemos estar *conscientes* de que estamos sintiendo una emoción, y tenemos el lenguaje para ponerle nombre a esa emoción y diferenciar el miedo, la ansiedad, el terror, la aprehensión y todas las demás emociones.[7]

Tener una conciencia mayor de nuestras emociones no quiere decir que siempre podamos controlar su efecto físico en nosotros. Actualmente se conoce bien el eslabón entre la angustia emocional y la supresión del sistema inmunológico.[8] Pero aunque nuestras vidas modernas pueden tener mayor potencial para el estrés, contamos con un equipo adicional —razonamiento y lenguaje— para poder enfrentarlo. Podemos mejorar nuestro enfoque del tiempo y cómo éste impacta en nuestros niveles de estrés (**HÁBITO 4**). Podemos cambiar el lenguaje que usamos para mejorar las relaciones laborales con los demás (**HÁBITO 6**). Y al enfrentar el estrés, podemos desarrollar estrategias a todo nivel, físico, mental y emocional, para empoderarnos y lograr un buen equilibrio entre trabajo y vida. Los docentes altamente eficaces toman medidas para mantenerse permanentemente fuera del ciclo de las respuestas automáticas a eventos estresantes que lleva a tensión y a enfermedades originadas por el estrés.

Puntos de empoderamiento	**Tomar medidas**
El hecho que causa estrés	Cambiar la situación
La forma en que ves el hecho	Cambiar los pensamientos
La forma en que te sientes acerca del hecho	Cambiar los sentimientos
Tu respuesta física	Liberar la tensión
Tomar medidas	Hacer las cosas de manera diferente para salir del ciclo de respuestas estresante

FIGURA 7
TOMAR MEDIDAS CONTRA EL ESTRÉS
Fuente: Open University, 1992.

Cambiar la situación

A veces puede resultar difícil identificar la causa exacta del estrés. Como sostiene el antiguo adagio sobre alguien que tiene un mal día en la oficina, luego regresa a casa y le da un puntapié al gato, podemos reaccionar emocionalmente contra alguien o algo que no tiene nada que ver con el "elemento de estrés". Podemos saber que nos sentimos estresados, pero para identificar la fuente tal vez sea necesaria una reflexión cuidadosa.

Aquí pueden venir en nuestro auxilio los niveles neurológicos (FIGURA 2). Considerar los niveles puede ayudarnos a determinar la fuente exacta del estrés. Por ejemplo, ¿hay algo en tu *entorno* que puedas cambiar para sentirte y actuar de manera diferente? Si tomas el tiempo para despejar el desorden de tu escritorio o arreglar tu salón de clase, tu tarea puede volverse más fácil. ¿Estás presionando de manera antinatural tu cuerpo por cómo conduces tu auto o por cómo te sientas frente a la computadora? ¿Creas tensión física por permanecer demasiado tiempo sin un descanso o sin liberar tensión con algunos ejercicios? ¿O hay algo que podrías cambiar en tu *comportamiento* para lograr una relación más igualitaria con otras personas? (Ver **HÁBITO 7**.)

Si existe algún problema con cierto alumno o colega que es fuente de estrés, ¿has pensado en cómo podrías cambiar tu conducta con ellos? ¿Cómo podrías comportarte de manera totalmente distinta para mejorar la relación?

Al reflexionar sobre el problema, se te puede ocurrir que existe alguna presión sobre tu capacidad de llevar a cabo el trabajo que se te exige, y que te beneficiaría estudiar más o una formación específica. El *feedback* y los consejos de un colega te pueden ayudar, lo mismo que una investigación de los recursos a los que tienes acceso para mejorar tu capacidad. Y en un área que necesitará mucha reflexión, puedes llegar a la conclusión de que una discrepancia importante entre tus propias *creencias y valores* y los de la organización para la que trabajas en una gran fuente de estrés. Darte cuenta de esto puede llevar a grandes cambios.

Cambia los pensamientos 1:
Reconocer las opciones

A menudo puede parecer que no tenemos control sobre los eventos y sobre las situaciones estresantes. Pero en casi todas las situaciones existe una posibilidad de elección; el verdadero tema es si podemos reconocerla y estamos listos para usarla.

Recuerdo a David, que era un docente altamente eficaz en la clase. También tenía la aptitud y las cualidades de liderazgo para ser un excelente director, si hubiera elegido seguir su carrera en esa dirección. Pero David había reconocido que para él la satisfacción laboral provenía de la interacción con sus alumnos, de saber que estaba contribuyendo en el desarrollo de esas jóvenes mentes, de que podía ejercer una influencia positiva en la autoestima y seguridad de sus alumnos. David se había dado cuenta de que, para él, era ahí donde radicaba el verdadero valor de su rol profesional, y había realizado una opción positiva de no seguir su carrera hacia el puesto de director.

Por otro lado, Gaynor era una directora a quien la promoción a ese rol le había proporcionado mucha infelicidad. Ella también había sido buena profesora, pero luchaba contra las exigencias muy distintas de la dirección y el puesto de liderazgo en una escuela primaria. Quizás el rol de dirección le llegó demasiado pronto; quizá necesitaba aumentar su confianza; quizá necesitaba desarrollar la habilidad para guiar tanto a adultos como a niños. Sea cual fuere la razón, la falta estaba en no pensar lo que ella realmente quería de su vida profesional, o dónde se hallaban sus fortalezas. En cambio, ella había buscado el ascenso creyendo simplemente que era lo que se tenía que hacer. Tras lograrlo, no experimentaba ninguna satisfacción en los desafíos diarios. Y ahora se quejaba todo el tiempo por no ser capaz de motivar a sus empleados y por tener mucho trabajo debido a que no podía depender de nadie, y atormentaba al resto de su personal con detalles sobre los complicados padres que le tocaba enfrentar. No resulta extraño que este enfoque finalmente la llevara a una larga licencia por enfermedad a causa del estrés.

Afortunadamente, nuestra profesión ha llegado a reconocer la excelencia en la docencia para que, así, un maestro que elige seguir en el salón de clase pueda lograr una recompensa económica adecuada. Pero el punto sobre las opciones es que no siempre consideramos cuidadosamente cuál es la correcta para nosotros, o ni siquiera reconocemos que tenemos opciones en casi todo. A menos que pensemos la opción adecuada para nosotros, podemos ser arrastrados a pensar que lo que hacen otras personas es lo que tenemos que hacer nosotros. En esta conexión, cambiar los pensamientos puede significar que hay que pensar fuera de la caja para identificar la opción correcta para nosotros, en lugar de aceptar los pensamientos de otros sobre lo que "debería" ser la opción correcta para nuestra vida.

 Pausa para pensar

¿Qué te motiva?
El panel estaba haciendo entrevistas para un puesto de dirección en un instituto. Todos los candidatos estaban muy calificados y tenían experiencia, así que resultaba difícil elegir. A todos los candidatos se les habían hecho las mismas preguntas, por lo que el panel decidió revisar la respuesta de cada candidato. La primera pregunta había sido:
¿Por qué se presenta para este puesto?
La respuesta de Gareth fue:

> Bueno, siento que es algo que yo debería buscar ahora, quiero decir, ascender a un puesto de dirección.
> No quiero que me llegue el momento de jubilarme y yo siga siendo un docente en la clase. Y pienso que podría ocuparme de más responsabilidades. Si me dan una fecha tope, la cumplo siempre porque no me agrada pensar en las consecuencias si no lo consigo.

> Soy muy cuidadoso cuando comienzo algo nuevo,
> y me aseguro de que conozco todo lo que atañe
> a las nuevas responsabilidades para no cometer errores.
> Y, en caso de sugerencias de nuevas formas de trabajar,
> sé que seré eficiente en señalarle al personal
> los potenciales riesgos.

La respuesta de Lucy había sido:

> Mi meta a largo plazo es progresar a un puesto
> de directora. Creo que este puesto sería el primer paso
> hacia eso. No he tenido nunca antes responsabilidades
> de dirección, pero creo que podría hacerlo. Pienso
> que sería un gran desafío y me agradan los desafíos.
> Estoy muy motivada por el pensamiento de las responsabilidades adicionales, como tener que dirigir a otras
> personas. Creo que me haría crecer, y eso es lo que
> necesito; necesito algo en pos de lo cual trabajar.

¿Qué te motiva a *ti*? ¿Eres como Gareth, motivado a alejarse de lo que quiere evitar, en vez de tender hacia lo que quiere alcanzar? ¿Estás motivado para cumplir fechas límite y así evitar consecuencias negativas? ¿Siempre piensas en lo que puede salir mal, y así experimentas dificultades en pensar lo que realmente quieres lograr? ¿O eres más parecido a Lucy y estás motivado más por la zanahoria que por el palo? ¿Estás motivado por un deseo de cosas que quieres tener o de metas que quieres lograr? ¿Significa esto a veces que te lanzas a nuevos emprendimientos sin pensar las consecuencias negativas que pueden tener? ¿Piensas que, debido a su forma de pensar, Gareth o Lucy pueden crearse estrés en ciertas circunstancias? ¿Cómo podrían adaptar su pensamiento para reducir el potencial al estrés?

Cambio de pensamientos 2:
"Cambia las luces"

Shakespeare comprendía bien la naturaleza humana. Uno de sus personajes dice que no hay nada bueno o malo en el pensamiento, que es el pensamiento el que lo hace así.[9] Realmente tenemos una opción en la forma de pensar las cosas, como en todo lo demás. Gaynor veía la causa de sus dificultades, principalmente, como la falta de cooperación de parte de la gente con la que estaba en contacto. Mientras ella elija pensar así, seguirá cargando con la sensación de queja sobre la situación en la que se encuentra; albergará pensamientos negativos que, finalmente, serán demasiado pesados de soportar y la llevarán a enfermarse. Ella no ve su vaso medio vacío: ¡ella cree que alguien se lo ha bebido todo!

¿Cómo podría Gaynor haber pensado de manera diferente? Podría haber pensado en sus dificultades como *desafíos*: desafíos que la espolean a adquirir mayor variedad de experiencias. Podría haber considerado las relaciones con el personal y los padres como *oportunidades* que se le presentaban para desarrollar una base de habilidades más amplia que le permitiera enfrentar exitosamente a distintas personas. En vez de pensarse como una fracasada, podría haber visto sus experiencias como un *feedback* que le permitiría desarrollarse y crecer como una profesional empoderada.[10] No sólo su vaso podía estar medio lleno, ¡podría haber estado desbordando!

"Cambia las luces" es una metáfora que me ayuda a recordar que siempre hay alternativas; siempre hay una manera distinta de pensar en una situación. La frase proviene del teatro y de lo que sucede a partir de los distintos efectos que se pueden lograr con la iluminación del escenario. Por ejemplo, la pantomima. Tal vez recuerdes que con frecuencia comienza con una escena muy iluminada, generalmente en la plaza de una aldea, con la reunión de aldeanos vestidos de colores vivos, y allí se presentan los personajes principales. En contraste, más adelante habrá una escena en la que el héroe enfrenta el peligro y se produce la batalla entre el Bien y el Mal. Esto puede ocurrir en una cueva oscura o en la espesura del bosque, pero la meta siempre es crear un efecto que arranque una serie de "Ohhhhhhh" y "Ahhhhhhh" del público de niños. Las luces que comenzaron brillando sobre el escenario se vuelven más tenues e incluyen tonos de verde o rojo, que producen un efecto inquietante. Si solamente se realizara un cambio de decorado, no se podría crear una atmósfera distinta. Pero si se cambian las luces, el efecto es totalmente diferente; es el mismo escenario y el mismo elenco que había en la escena alegre de la aldea, pero, al cambiar las luces, el equipo de producción logró generar sentimientos diferentes en el público.

Puedes usar la misma estrategia en tu vida para cambiar sentimientos negativos en sentimientos que tienen más probabilidad de potenciarte. Usando "cambia las luces" como disparador, puedes cambiar los pensamientos para cambiar el sentido que le estás dando a la situación, que cambiará a su vez la forma en la que te hace sentir. Debes ser proactivo al apretar deliberadamente al interruptor y cambiar los pensamientos. Pero los efectos pueden ser espectaculares.

Una buena forma de comenzar es usar algunas preguntas para cuestionar la forma en que estás representando una situación. Aquí hay algunos ejemplos (a medida que practiques podrás agregar más de tu propia cosecha):

- ¿Qué aprendo de esto?
- ¿Qué oportunidad guarda esto para mí?
- ¿Cómo puedo usar esta experiencia para mejorar mi enseñanza?
- ¿Qué haría (alguien que admires) en esta situación?
- ¿Dónde está lo cómico de esto?
- ¿Cómo puedo convertir lo que parece una amenaza en una oportunidad?
- ¿De qué forma me ayuda esta situación a desarrollarme y crecer como un *profesional potenciado*?

Cambio de sentimientos: "Pasar en limpio"

A veces, puede parecer que los pensamientos y sentimientos negativos perduran a pesar de tus esfuerzos por "cambiar las luces". Cuando ocurre esto, a menos que tomes alguna medida, las emomociones negativas pueden darte úlcera. Un pequeño hecho fácilte puede alcanzar las dimensiones de un insulto personal, si eliges darle vueltas en ese sentido. Entonces se vuelve como el vapor de una tetera y encontrará la salida para ser expulsado. Los sentimientos negativos pueden encontrar salida en una reacción exagerada hacia otra persona, incluso hacia alguien que no tiene nada que ver con el insulto que se percibió originalmente.

También puede resultarte difícil "cambiar las luces" en una situación que te causó inquietud o preocupación. La preocupación y la ansiedad pueden causar falta de sueño y distraerte de tu mejor desempeño en el trabajo. Si permites que esto suceda, la preocupación puede crecer hasta proporciones monstruosas, sin ninguna relación con el alcance original de la causa, y así amenazará tu salud y bienestar.

Entonces, si persisten los pensamientos y sentimientos negativos, o si percibes que existe el peligro de que la preocupación y la ansiedad se te vayan de las manos, necesitas una forma de tomar medidas contra ellas. Una medida que sea rápida, fácil y efectiva; una medida que te empodere para dejar de lado la negatividad o la preocupación y que así puedas seguir enseñando. Aquí puede ayudarte lo de "pasar en limpio" para sacártelo de encima. Existe una opción tanto aquí como en todo lo demás: hay diferentes formas para diferentes situaciones.

Pasar en limpio 1

Admiro mucho a una colega que confesó que escribía su diario cada jornada. Yo lo intenté, aunque nunca he logrado mantenerlo al día. Sin embargo, una vez establecida la práctica, descubrí que a menudo registro en mi diario algún hecho que quiero conservar, y, lo que es más importante, para expresar cómo me siento al respecto. Hay algo en la privacidad de un diario, en escribir algo que nadie más verá, que te permite expresarte con honestidad. Lo importante es que, para *pasar en limpio* tus emociones o preocupaciones, debes pensar en ellas. Y precisamente este proceso te permite comprender tus sentimientos y aceptarlos. Es como si tu diario fuera tu terapeuta, y *pasar todo en limpio*, tu "cura hablada".

Pasar en limpio 2

La emoción y la preocupación sin resolver pueden resultar un estorbo para dormir bien por la noche. Si no quieres la formalidad de un diario, puedes lograr el mismo efecto guardando una libreta y una lapicera junto a tu cama. Si el sueño se te escapa cuando persisten los pensamientos negativos, enciende la luz y pasa todo en limpio. Puedes escribir simplemente notas; no es necesario que lo hagas de forma presentable, porque nadie va a verlo. Pero cuando le des salida a tus pensamientos en la libreta, notarás que tu mente se aclara y te permite dormir.

Pasar en limpio 3

Tal vez este método sea mejor si tienes emociones sin resolver a raíz de una discusión o un enfrentamiento con otra persona. Quizá no aprovechaste la oportunidad para hablar con el otro con firmeza (ver **HÁBITO 7**) y ahora te desesperas al verlo como una oportunidad perdida. Podrías cerrarlo pasándolo en limpio en una carta dirigida a otra persona a la que le expresas exactamente cómo te sientes. Luego, tal vez decidas no enviarla, aunque puede existir una situación en la que sí desees hacerlo. Sirve mucho como herramienta terapéutica para lidiar con emociones negativas residuales. Es importante dar un enfoque disciplinado a esta estrategia particular. Escribe la carta con cuidado, porque quieres que quien la reciba le preste atención. En vez de comenzarla con un desborde de sentimientos, como en los dos primeros ejemplos de "pasar en limpio", esta estrategia necesita examinar posibles exageraciones o presunciones de tu parte. Como en la escritura de cualquier otra carta, adopta un acercamiento formal, fáctico, que apunte a hacer que la otra persona valore tu punto de vista:

- Describe el evento insatisfactorio.
- Identifica los sentimientos que experimentaste entonces.
- Comprueba que al volver a pensarlo no estás exagerando los hechos o los sentimientos.
- Describe los sentimientos en términos realistas.
¿Te sentiste preocupado, enojado, desilusionado, subestimado, avergonzado, triste, furioso?
- Escribe una descripción de los hechos que ocurrieron y tus sentimientos, asegurándote de ser realista y objetivo; no caigas en un lenguaje provocador y utiliza declaraciones que comiencen por "yo" (por ejemplo: "Yo me siento muy avergonzado por esta situación").

Utiliza el último párrafo de la carta para extraer conclusiones. ¿Quieres negociar una relación diferente entre tú y la otra persona? ¿Ocurrió algo que consideres muy injusto y que te gustaría que se rectificara? ¿Puedes ofrecerte a actuar de manera diferente para mejorar la situación que ha surgido entre tú y la otra persona? Firma la carta y guárdala en alguna parte hasta la mañana siguiente. Luego tómala otro día y vuelve a leerla para decidir si quieres enviarla o no.

Crear distancia para evitar el estrés negativo

Incluso cuando te has esmerado en usar estas estrategias para evitar la acumulación de estrés perjudicial, pueden quedar algunos temas con los que no te encuentras capaz de lidiar. La persistencia de sentimientos o preocupaciones negativas sin resolver puede entonces ser una distracción mental que minará tu energía física. Las emociones negativas en particular producen "entropía psíquica" de la mente, un estado en el que no podemos ocuparnos eficientemente de las tareas, porque necesitamos restaurar nuestro orden subjetivo interior.[11]

Puede haber muchas razones para sentirte incapaz de resolver situaciones. Una emoción o un sentimiento de maltrato pueden ser tan fuertes que desafíen todos tus esfuerzos para eliminarlo. Tal vez todavía no hayas alcanzado un nivel de comprensión en el que sepas lo que debes hacer con respecto a una situación estresante. Te falta desarrollar las capacidades para enfrentar ciertos temas. Quizás no *puedas* hacer nada, pero te sigues preocupando.

En casos así, necesitas una estrategia que te distancie de la preocupación o de los sentimientos negativos para protegerte de sus efectos debilitantes. No es bueno para tu salud psicológica que simplemente entierres una emoción negativa, pero sí puedes enfrentarla de tal manera que la dejes "en espera" hasta el momento en que seas capaz de aceptarla. Quizá no haya nada que puedas hacer en el presente para resolver una situación que te preocupa, pero manteniéndola "en espera", dejándola a una distancia prudencial puedes regresar a ella cuando hayas desarrollado una mejor comprensión para poder enfrentarla. Mientras tanto, te ahorrarás la pérdida de energía y evitarás posibles noches en vela.

La Figura 8 da un ejemplo de cómo puedes hacer esto. Utilicé esta metáfora durante muchos años y me resultó efectiva. También fue gratificante hablar recientemente con una antigua colega docente y descubrir que ella seguía utilizándola, diez años después de que yo se la hubiera presentado. No sólo eso, sino que ella la estaba pasando a sus alumnos como una forma de enfrentar la preocupación por los exámenes.

Aunque esto me funciona a mí, también es bueno que desarrolles tu propia metáfora, algo que te resulte significativo. Otra colega había luchado con sentimientos de una relación que la había alterado mucho utilizando la metáfora de un bote. Podía verlo en su mente de una manera muy clara: estaba pintado de colores vivos y tenía una vela vívida; se inclinaba en su camino por el río llevándose con él los efectos negativos de la emoción. Lo que te sirva a ti, úsalo. Pero mantén el principio de que, aunque no seas capaz de resolver la preocupación o los sentimientos negativos en el presente, por el momento estás a salvo para continuar con tu vida.

> Busca algún lugar tranquilo donde no te puedan molestar. Asegúrate de estar lo más relajado posible. Repítete que vas a concentrarte totalmente en este proceso, y no permitas que otros pensamientos te distraigan.
> Ahora, en tu mente, puedes ver una cesta frente a ti. Es cuadrada, grande y muy resistente. Puedes ver el mimbre trenzado una y otra vez y sabes que es muy fuerte. Extiende tus manos y mide la forma cuadrada y toca la fuerza del mimbre.
> Ahora piensa en la preocupación o los sentimientos negativos contra los que quieres luchar. Utiliza tus manos para reunir todos los sentimientos frente a ti. Asegúrate de que los tienes a todos mentalmente en tus manos. Si alguno se ha escapado, recupéralo. Si piensas que estás ignorando algo, sé honesto e inclúyelo.
> Cuando estés completamente seguro de que tienes todos los sentimientos, arrójalos en la cesta.
> Ahora fíjate que esta cesta tiene otras características. Al mirar hacia arriba puedes ver que hay un gran globo suspendido encima de ella. Observa sus colores y dibujos. Te das cuenta de que el globo hace fuerza para levantar la cesta.
> Ahora mira hacia abajo: puedes notar que la cesta está atada por una cuerda. El nudo es muy grueso y sujeta la cesta en su lugar. Puedes oír los sonidos del tironeo del globo por soltarse de la cuerda. Extiende tu brazo y desata el nudo de la cuerda.

Ahora, lentamente y con cuidado, deja ir la cuerda para que el globo se lleve la cesta hacia arriba y lejos. No dejes de ver el globo en tu mente mientras se aleja con la cesta, volviéndose más y más pequeño. Con tu mente puedes seguir la cuerda, todavía atada a la cesta. Respira profundamente y cierra los ojos. Tienes la imagen del globo y la cesta y la cuerda que te ata a ellos registrada en tu mente. Sabes que si así lo decides, puedes tirar de la cuerda y traer de vuelta la cesta y enfrentarte con todos los sentimientos negativos y todas las preocupaciones. Puedes decidir hacer eso un día. Entonces, serás más fuerte y podrás lidiar con ellos. Por el momento están seguros y lejos, para no hacerte daño.
Abre tus ojos y continúa con tu vida.

FIGURA 8
GLOBO Y CESTA

Encontrar la "corriente"

El **Hábito 3** trató sobre enfrentar los efectos negativos del estrés, cuando el nivel de éste es tan grande que necesitas tomar medidas. Por otro lado, los docentes altamente eficaces han descubierto que el *nivel adecuado* de estrés puede energizarlos y entusiasmarlos. El profesor Mihalyi Csikszentmihalyi ha pasado su vida investigando personas involucradas en actividades exigentes (desde escaladores de rocas, bailarines y ajedrecistas hasta líderes de equipo, cirujanos y compositores musicales).[12] Para muchos, es el desafío lo que cambia este trabajo de una tarea a una aventura. Para estas personas, el nivel adecuado de estrés es una fuente de emoción y motivación.

Es ese "nivel adecuado de estrés" lo que marca la diferencia entre estar completamente absorto y energizado por tu trabajo o hallarlo una ocupación que te lleva a la ansiedad. Csikszentmihalyi describe la calidad de una experiencia como un "fluir", la experiencia de una inmersión absoluta en una actividad, manteniendo intensa concentración en lo que estamos haciendo, y a la vez, siendo conscientes de todo lo que nos rodea. Es un tiempo de acción natural cuando nuestra conciencia está llena de experiencias, y estas experiencias se encuentran en armonía unas con otras.[13]

La calidad de la experiencia del "fluir" proviene de la relación entre el desafío y las capacidades para enfrentar el desafío. El "fluir" tiende a ocurrir cuando las capacidades de una persona están plenamente comprometidas en superar un desafío que es posible. Si los desafíos son demasiado grandes, podemos frustrarnos, luego preocuparnos y finalmente llenarnos de ansiedad. Si los desafíos son demasiado bajos con respecto a las capacidades, podemos aburrirnos. Si ambos, desafíos y capacidades, son demasiado bajos, podemos caer en la apatía. Cuando los desafíos están al mismo nivel de las capacidades, probablemente tenga lugar la profunda participación que separa el "fluir" de la experiencia de la vida ordinaria.[14]

Csikszentmihalyi no sugiere que todos podemos lograr el "fluir" todo el tiempo en nuestras vidas cotidianas. En un día típico tenemos períodos de ansiedad o de aburrimiento. Las experiencias del "fluir" nos proporcionan flashes de vida intensa en contraste con la rutina de nuestras vidas cotidianas.[15] Pero la idea de cómo se logra el "fluir" te ayudará a identificar una fuente potencial de estrés. Por ejemplo, ¿te sucede que tienes un desafío demasiado alto en tu vida laboral, y no has logrado las capacidades para cumplir con él? ¿Qué te hace falta para corregir el equilibrio? Por otro lado, ¿te frustra no utilizar completamente las capacidades que tienes? Si hubiera más desafíos en tu vida laboral, ¿se aliviaría la tensión y desaparecería la apatía?

En las muchas personas que Csikszentmihalyi ha entrevistado, no parece haber duda acerca de que la experiencia del "fluir" da como resultado una vida excelente. Así la describe él:

Cuando las metas son claras, el **feedback** *resulta relevante, y los desafíos y las capacidades están equilibrados, la atención se ordena y se invierte de manera plena. Debido a la exigencia absoluta de la energía psíquica, una persona que fluye está completamente centrada. No queda lugar en la conciencia para pensamientos que distraigan, o sentimientos irrelevantes. La timidez desaparece, y uno se siente más fuerte de lo habitual. El sentido del tiempo se distorsiona y las horas parecen pasar en minutos. Cuando todo el ser de una persona se despliega en el funcionamiento a pleno de cuerpo y mente, cualquiera sea el resultado vale la pena por sí mismo; vivir se vuelve su propia justificación. En la concentración armoniosa de energía física y psíquica, la vida finalmente encuentra sentido.*[16]

Quizás, a partir de esta descripción, puedas reconocer que ya has tenido una experiencia de "fluir". Tal vez recuerdes una ocasión en la que tus capacidades mentales y físicas estaban en la cima, cuando no había distracciones emocionales porque todo tu ser parecía alineado y concentrado. Probablemente sea demasiado esperar que ocurra todos los días, pero a eso se puede apuntar, ¿no te parece? Y cuando ocurre, ciertamente es un buen estado en el que "anclarse", para así poder utilizar el sentimiento y elevar la energía física y mental cuando resulte necesario (**HÁBITO 2**, PAUSA PARA PENSAR 7).

Conclusión

Los docentes altamente eficaces saben que la enseñanza es una profesión exigente que posee el potencial de generar estrés. Reconocen la necesidad de mantener la energía física y mental pa-

ra dar abasto con las exigencias, sin recurrir a soluciones rápidas a corto plazo como fumar, beber alcohol o comer en exceso.
El punto de partida para desarrollar el **Hábito 3** es un alto nivel de conciencia sobre el efecto del estrés negativo. Esto implica:

● *Conciencia física*:
Tomar conciencia de tu cuerpo y las zonas de tensión. Escuchar lo que tu cuerpo te dice y responder. Reconocer si tu cuerpo necesita descanso y relajación, o ejercicio y estimulación física. Incorporar a tu estilo normal de vida las oportunidades para conservar y energizar tus recursos físicos.
● *Conciencia mental*:
Ser capaz de una "comprobación de la realidad" con los pensamientos negativos. Revisar si tus pensamientos son ilógicos. Reconocer cómo los pensamientos negativos pueden generar estrés. Cuestionar los pensamientos negativos y reelaborarlos en *re*–presentaciones mentales más ingeniosas.
● *Conciencia emocional*:
Reconocer cuando las emociones invalidan las respuestas racionales. No permitir que las emociones y las preocupaciones crezcan y drenen la energía física y mental, sino, más bien, enfrentarlas para seguir viviendo como un profesional empoderado.

Además de ser conscientes de sí mismos y sus respuestas, los buenos docentes son capaces de tomar medidas contra el estrés negativo porque tienen una variedad de estrategias listas para contrarrestar sus efectos físicos, mentales y emocionales. Pueden hacer frente a lo prosaico y rutinario de su trabajo porque han experimentado el "fluir" y reconocen que una profesión exigente también puede proporcionar momentos de experiencias muy exigentes, pero también fascinantes. Más aún: pueden lidiar veloz y eficientemente con la rutina, tomando la elección de no enterrarse en la seguridad de un trabajo. Eligen hacer frente a los pensamientos y las emociones negativas en vez de dejarlos perdurar, y así pueden maximizar su energía mental y física para hallar interés y estímulo en todo lo que los rodea.

Todos necesitamos espacio en nuestras vidas para reponer nuestros recursos mentales y físicos. Se necesita un poco de práctica para lograr el máximo beneficio de una técnica de relajación. Cuando te vuelvas experto, verás los beneficios que pueden lograrse de una sesión verdaderamente breve. Necesitas reservarte tiempo y lugar para estar tranquilo y sin que nadie te moleste. Asegúrate de que puedes sentarte cómodamente. Puede ser de ayuda si consigues que alguien te lea las instrucciones, o si las grabas y luego las escuchas.

- Comienza comprobando las zonas de tensión que hay en tu cuerpo.
- Presta atención a tus pies, siéntelos descansando sobre el suelo. Mueve los dedos y luego déjalos descansar.
- Ahora tus piernas: primero revisa si hay tensión muscular, luego siente cómo los músculos en tus pantorrillas y muslos se vuelven pesados y se relajan.
- Siente tu cuerpo, allí sentado en la silla. Deja que descanse tranquilamente en el asiento.
- Ahora piensa en tus manos y brazos. Toma conciencia de cómo descansan tus manos. Estira tus dedos y déjalos descansar nuevamente.
- Revisa si hay tensión en tus brazos. Cuando sientas que se ponen más pesados y se relajan, eso te ayudará a bajar los hombros.
- Gira suavemente tu cabeza para comprobar que no haya tensión en tu cuello.
- Ahora piensa en los músculos de tu cara. Siente una mano que alisa tu frente y te quita la tensión. Deja caer la mandíbula para que tu boca quede abierta y relajada. Siente tu lengua descansando en tu boca.

● Ahora, revisa todo tu cuerpo una vez más
para asegurarte de que no quedan zonas de tensión.
Disfruta de estar sentado, tranquilo y en calma.
● En una última inspección de tu respiración,
disfruta el ritmo de tus pulmones que se expanden
para tomar aire, y libéralo nuevamente. Inhalar-exhalar.
Inhalar-exhalar. Siente cómo tu respiración se hace
más profunda, y cada vez que respiras
aumenta tu relajación.

Mientras tu cuerpo se encuentra en este estado
cómodo y relajado, puedes seguir con la relajación
mental. Escucha el siguiente pasaje y quizá puedas
oír mi voz diciéndote estas palabras,
el tono sereno, las pausas:

Y me da curiosidad saber... porque es interesante,
¿no es verdad?... saber si quizá tu vida se parece un
poco a caminar sobre una cuerda floja.
Porque podría ser, ¿no es cierto?... que se necesita tanto
control, tanto esfuerzo, simplemente para permanecer
sobre la cuerda. Sólo para mantener el equilibrio...
para no caer. Estaba leyendo un libro el otro día,
y en él se decía que cuando alguien hizo esto, tuvo
que mantener los ojos en un punto fijo frente a él. Y me
preguntaba... si hicieras esto... toda tu fuerza concentrada en mantenerte erguido y avanzar hacia delante...
tus ojos enfocados en un punto pequeño frente a ti...
¿podrías tener conciencia de lo que te rodea... o no?
También podría ser... ¿no es cierto?, que alguien
que hiciera esto no podría mirar hacia abajo... ¿no?
Por miedo a perder el control... Miedo de lo desconocido... de no lograr recuperar el equilibrio.
Podría pasar, ¿no?... que abajo hubiera un enorme
y vistoso castillo inflable. Y que por haberte permitido
un momento de relajación... tuvieras la experiencia

de caer en esa protectora superficie mullida... y al hacerlo... podrías rebotar alegremente. Podrías así volver a experimentar la relajación física de un niño...
tus extremidades que caen... la risa de pura diversión y la relajación natural que deriva de eso. La habilidad de disfrutar del momento completamente, porque sabes que, cuando así lo decidas, puedes rebotar... hasta arriba, de vuelta a la cuerda floja, y retomar el camino. Y me da curiosidad saber si... tras haberte permitido tener esta experiencia... tras haberte permitido disfrutar del cambio... ahora que acabas de aprender que no hay nada que temer... me da curiosidad saber si la experiencia de la cuerda floja será la misma de antes... o si será diferente.
Porque podría ser... ¿no te parece?... que esta nueva relajación, este nuevo aprendizaje, te hiciera caminar por la cuerda floja sin ningún esfuerzo... en perfecto equilibrio, erguido, confiado... sabiendo que, en el momento que quieras, puedes saltar y volver a experimentar la relajación y la nueva lección. Saber que cuando tú elijas, puedes rebotar de regreso a la cuerda floja para continuar tu viaje... como en un suave vuelo... siempre totalmente natural con cada nueva lección. ¿Y es bueno, no es verdad, que la vida sea así?

Concédete un momento para tomar conciencia de lo que te rodea. Concéntrate en lo que puedes ver, dónde estás sentado, la habitación, los muebles.
Toma conciencia de los sonidos que oyes.
Nota cómo se siente tu cuerpo.
Cuando estés listo, sigue con lo que tengas que hacer, refrescado con el vigor y la energía renovados.

Notas

1 Máximo Gorky, 1973.
2 Senge, 1990, p. 367.
3 *Open University*, 1992.
4 *Ibid.*
5 LeDoux, 1998, p. 302.
6 *Ibid.*, p. 72.
7 *Ibid.*, p. 302.
8 Coe et al., 1985, p. 163-199. También citado por Barnes et at., 1998, p. 134.
9 *Hamlet*, Acto II, ii, 1.
10 Ver **Hábito 2** y Apéndice 1.
11 Csikszentmihalyi, 1997, p. 22.
12 Hare y Reynolds, 2004, p. 172.
13 Csikszentmihalyi, 1997, p. 17-34.
14 *Ibid.*, p. 30.
15 *Ibid.*, p. 31.
16 *Ibid.*, pp. 31-32.

HÁBITO 4

Tomarte tu tiempo

*Hay tanto por hacer. Y nunca alcanza el tiempo.
Me siento presionado y fastidiado todo el tiempo,
todos los días, siete días a la semana.
He asistido a seminarios para organizar el tiempo y
he intentado media docena de diferentes sistemas
de planeamiento. Me han ayudado un poco,
pero sigo sin sentir que estoy viviendo la vida feliz,
productiva y pacífica que quiero vivir.*[1]

4

Cuando le pidieron que definiera el tiempo, el gran teólogo san Agustín se quedó perplejo. Hasta ese momento, sabía exactamente lo que era el tiempo. Pero una vez que se lo preguntaron, no tuvo ni idea de qué decir. El tiempo estaba allí, a su disposición.[2] Hoy en día es casi imposible no "conocer" el tiempo. Nuestros días están limitados por horarios de autobuses y trenes, campanas de escuelas, tiempos de lecciones, programación de radio, horas de apertura de tiendas y centros de recreación, exhibiciones en el cine, comienzo de partidos.

Ya no seguimos el cambio natural de los días y las estaciones, como lo hacían nuestros ancestros. La iluminación artificial implica que podemos convertir la noche en día, si así lo queremos. Ya no medimos el tiempo por el solsticio; los días más cortos y los más largos tienen poco significado para nosotros. Incluso "ajustamos" el tiempo para que se adapte a nuestras necesidades, como ocurre en distintos países con el horario de verano. Nuestra experiencia del tiempo, a diferencia de lo que ocurría con nuestros antepasados, es una construcción social.

Quizá más que cualquier otro profesional, el docente está sujeto a presiones externas de tiempo. El colegio comienza y finaliza en momentos establecidos del día. El aprendizaje debe darse durante períodos en un grupo de semanas ya marcadas. Los exámenes

tienen lugar en un ciclo anual. Las vacaciones están ya ordenadas previamente por las autoridades locales.

Sin embargo, en nuestro mundo de tiempo establecido, nuestra experiencia personal del tiempo será individualmente diferente. En mi caso, yo no podría prescindir de la agenda que organiza mi tiempo. Me gusta establecerme fechas límite cuando tengo que completar tareas. Anoto las cosas que debo hacer en una pequeña libreta y me da mucha satisfacción tacharlas cuando ya las he realizado. Una vez que pacté una reunión en mi agenda, ya no tengo que preocuparme por ella. Generalmente funciono hacia atrás a partir del momento en que necesito estar en alguna parte, calculando cuánto tiempo necesito para decidir la hora de irme. Siempre soy puntual a menos que ocurra algo imprevisto. Siempre reviso la hora en que termina una reunión y la hora en que comenzó. Me doy tiempo para prepararme antes de las reuniones, y siempre tengo los papeles correctos conmigo.

Por otro lado, cuando tengo una reunión con mi colega Nigel en el bar de la universidad, sé que puedo ser más relajada con la hora de llegada. Sea cuál sea el horario de la reunión, Nigel generalmente llega tarde. Probablemente yo estoy por la mitad de la primera taza de café cuando aparece corriendo, desparramando disculpas. Necesita varios minutos para encontrar entre sus pilas de papeles los que necesita para nuestra charla. Una vez llegó 45 minutos tarde porque estaba tan absorto trabajando en su computadora, que no tenía fuerzas para alejarse de ella.

Probablemente, esta descripción esté ahora un poco atrasada. Con los años, Nigel ha aprendido algunas habilidades para manejar el tiempo. Adquirió una agenda y ha probado distintos métodos de anotar "cosas para hacer" con un código de colores que va de la A a la B y la C, para así priorizar. Ahora le agrada planear un horario junto conmigo, y en contra de su inclinación natural, ¡logra incluso llegar a tiempo!

Esa "inclinación natural" es interesante en los enfoques individuales al manejo del tiempo. ¿Por qué Nigel y yo tenemos tendencias diferentes que nos parecen bien a cada uno? ¿Por qué sigue siendo cierto el antiguo dicho: "Si quieres que se haga algo, pídeselo a alguien ocupado"? ¿Por qué algunas personas al parecer nunca consiguen terminar lo que tienen que hacer? ¿Por qué algunas personas logran las metas que se fijan mientras que otras no pueden hacerlo?

El **Hábito 5** proporcionará algunas estrategias para establecer metas y usar el tiempo de la mejor manera. Pero antes de ponerlas en práctica con la esperanza de que se produzca un cambio en tu vida, debes tomar conciencia de tu percepción personal del tiempo. Porque es algo muy interesante que, aunque diariamente el tiempo es la única cosa que compartimos en medidas iguales, la manera en que lo percibimos es tan diferente y única como nuestras huellas digitales.

> En este mundo, existen dos tiempos. Está el tiempo mecánico y está el tiempo corporal. El primero es rígido y metálico, como un péndulo enorme de hierro que se balancea hacia adelante y hacia atrás, hacia adelante y hacia atrás, hacia adelante y hacia atrás. El segundo se retuerce y se agita como un pececito en la bahía. El primero es implacable, predeterminado. El segundo se decide a medida que avanza.
>
> Muchos están convencidos de que el tiempo mecánico no existe... Usan relojes en sus muñecas, pero sólo como adorno o como cortesía hacia aquellos que dan relojes como regalo. No tienen relojes en sus casas. En cambio, escuchan los latidos de su corazón. Sienten los ritmos de sus ánimos y deseos. Esas personas comen cuando tienen hambre, van a sus trabajos... cuando se despiertan, hacen el amor a todas horas del día. Estas personas ríen ante la idea del tiempo mecánico. Ellas saben que el tiempo se mueve a los tropezones. Saben que el tiempo avanza con esfuerzo por el peso que carga

a la espalda cuando llevan a un niño herido al hospital o soportan la mirada de un prójimo tratado injustamente. Y saben también que el tiempo cruza el campo de visión cuando comen con amigos, reciben alabanzas o están en brazos de un amante secreto.
Y existen quienes piensan que sus cuerpos no existen. Viven según el tiempo mecánico. Se levantan a las siete en punto de la mañana. Comen su almuerzo a mediodía y su cena a las seis. Llegan a sus reuniones puntualmente según el reloj. Hacen el amor entre las ocho y las diez de la noche. Trabajan cuarenta horas por semana, leen el domingo el periódico de los domingos, juegan ajedrez los martes a la noche. Cuando sus estómagos rugen, miran su reloj para saber si es hora de comer. Cuando comienzan a perderse en un concierto, miran el reloj que está sobre el escenario para ver cuándo es hora de irse a casa. Saben que su cuerpo no es producto de magia salvaje, sino una reunión de químicos, tejidos e impulsos nerviosos. Los pensamientos no son más que oleadas eléctricas en el cerebro...
El cuerpo es algo que hay que ordenar, no obedecer. Cada tiempo es verdad, pero las verdades no son la misma.

FIGURA 9
"Los sueños de Einstein"
Fuente: Lightman, 1993.

Tu línea de tiempo personal

A pesar del hecho de que el tiempo sea universal, nuestra comprensión de él está bajo la influencia de nuestra cultura. Existe la opinión de que en el mundo occidental desarrollamos cierto concepto del tiempo como resultado de la Revolución Industrial, que engendró la necesidad de que todos los trabajadores llegaran a las fábricas a cierta hora, porque de otra manera las máquinas no podían funcionar. La producción en cadenas de montaje aumentó la noción de que el tiempo era lineal y que una cosa ocurría después de otra en una secuencia de eventos.[3] Algunas personas incluso afirman que hay pruebas de la influencia de nuestra herencia capitalista en los términos que usamos para hablar sobre el tiempo —presupuesto, inversión, asignación, pérdida,[4] y por supuesto, manejo y ahorro—.

Las culturas en climas cálidos parecen poner en acción una noción distinta del tiempo. En el Caribe y México, "mañana" puede significar desde el día después de hoy hasta dentro de tres semanas. Los alumnos de origen africano que he tenido se preguntan cómo podrán comunicarse en un mundo de negocios donde los horarios de reunión son flexibles y no estipulados.

Los factores culturales pueden influir, pero no proporcionan la respuesta completa a las diferencias en la percepción del tiempo. Si ésa fuera la respuesta, entonces Nigel y yo seríamos más parecidos, ya que siempre hemos vivido y trabajado en una cultura occidental. Pero, en cambio, nuestra *re*-presentación mental individual es la que marca la diferencia, y esa diferencia influye en nuestro comportamiento. Y hace lo mismo con las demás personas.

La forma en que nosotros *re*-presentamos el tiempo es uno de los rasgos del mapa del mundo que tenemos en nuestra mente. Necesitamos una forma para saber la diferencia entre el pasado, el presente y el futuro, ya que si no, ¿cómo podríamos conocer la diferencia? Sin revisar ninguna información de los hechos, puedes reconocer mentalmente cuál era la clase que enseñaste el último período, en contraposición con la clase que enseñaste el año pasado, y lo mismo con la clase que enseñaste el año antes. Puedes ver la diferencia, y sabes en qué momento del pasado tuvo lugar un evento. Y, si piensas en una clase que darás el año que viene, serás capaz de reconocer que es un evento que ocurre en el futuro. Es un aspecto esencial de la supervivencia y la evolución de la especie humana que todos seamos capaces de reconocer la diferencia entre un suceso real y un suceso que está en nuestra memoria o hemos inventado.[5]

Siguiendo con esto, la manera en que codificamos individualmente el tiempo tiene consecuencias en nuestro desarrollo personal. En primer lugar, parece que casi todos almacenan el tiempo de manera lineal.[6] Piensa nada más en algunas palabras que usamos en relación con el tiempo. Hablamos de "planificación", de "expectativa futura", "el tiempo que se extiende frente a nosotros" y "tener el tiempo de nuestro lado". Y también nos referimos a "planificar por anticipado" y "dejar el pasado atrás". Es un aspecto que ha producido muchas discusiones filosóficas.

En segundo lugar, una vez que sabes cómo codificar el tiempo mentalmente, te darás cuenta de cómo tu percepción personal del tiempo tiene un efecto predecible en tu comportamiento.

Al principio puede resultarte muy difícil reconocer tu estilo particular de representación del tiempo. Al considerar cómo organizas el tiempo, piensa primero en algo de tu pasado y presta atención a la dirección de ese pensamiento. Ahora piensa en algo del futuro y, otra vez, presta atención a la dirección. Ahora señala el pasado y el futuro para obtener el sentido de tu línea de tiempo personal. Tu percepción puede alinearse con una de las dos orientaciones más importantes —*a través del tiempo* o *en el tiempo*— o puede ser una combinación de ambas. Si señalaste el pasado hacia atrás, es probable que tengas una orientación *en el tiempo*. Si señalaste el pasado hacia la izquierda, tu organización puede ser *a través del tiempo*. Pero no te preocupes si no te quedó tan claro. La Pausa para pensar 9 proporciona indicaciones de las distintas formas en que la gente organiza mentalmente el tiempo, lo que te ayudará para identificar tu disposición.

9 Pausa para pensar

¿Cómo tomas el tiempo?

Rosa había trabajado en un ambiente de negocios antes de ejercer como docente. Ambicionaba un avance personal y llevó su enfoque enérgico y eficiente a la docencia. Durante los primeros cuatro años de enseñanza, recibió promociones todos los años y pronto obtuvo un puesto gerencial. Si le preguntaras a Rosa dónde estaba el pasado para ella, no dudaría en señalar por encima de su hombro, indicando que está detrás de ella. Para Rosa, el trabajo es algo que realizas con la mayor rapidez y eficiencia posibles. Cuando una colega le dijo a Rosa que todavía estaba resentida por un comentario ácido que le habían hecho hacía un tiempo, Rosa no pudo comprenderlo. Para ella, el pasado estaba terminado y olvidado, y su progreso futuro era lo más importante.

Cuando le preguntaron a Luisa dónde estaba el pasado para ella, se tocó la cabeza. Para ella, el pasado era un peso que la presionaba y que ella debía cargar. A Luisa el trabajo de docencia siempre le resultó exigente y, tras el nacimiento de su hijo, la presión se le volvió excesiva. Renunció a su puesto para convertirse en mamá de tiempo completo.

Miguel siempre vivía el momento. Su clase lo adoraba porque era un profesor relajado y divertido, aunque los niños a quienes les gustaba sentirse seguros con respecto a la dirección de su tarea podían encontrar problemas con su espontaneidad. Su director se desesperaba porque nunca lograba que Miguel le entregara el planeamiento de clases puntualmente, y a veces ni siquiera se lo entregaba. La novia de Miguel decía que él no podía ver más allá de su nariz. Frecuentemente discutían por cuentas sin pagar debido a que él no podía prever las consecuencias de dejarlas impagas. Y, en realidad, gastaba su salario mensual en lo que se le ocurría en el momento.

Siempre he podido "ver" el tiempo. Los sucesos temporales están frente a mí como un calendario. El pasado está a mi izquierda; los eventos más recientes están más cerca y se alejan hacia la distancia. El futuro está a mi derecha, y el presente donde me encuentro ahora está inmediatamente frente a mí. Si pienso en un marco temporal, como cuando estoy describiendo a los alumnos el desarrollo histórico de una política educativa, tiendo a gesticular con mis manos, indicando hacia la izquierda cuando se trata de eventos pasados, y hacia la derecha para posibilidades futuras. Antes, mi orientación temporal "natural" me mantenía malsanamente preocupada por el pasado y el futuro, y no podía vivir "el momento". A causa de esto, sufrí tal grado de estrés y depresión que no pude trabajar durante ciertos períodos de tiempo. Ahora que sé cómo mi orientación temporal afecta mi comportamiento, con más facilidad puedo tomar la opción de adoptar una orientación diferente. Mi clara representación visual del tiempo me ayuda cuando estoy dedicada a planear y calcular el tiempo que me llevará un trabajo. Y ahora disfruto más, tanto del trabajo como del tiempo libre, porque puedo cambiar para estar 100% en el momento, sin permitir que me distraigan preocupaciones sobre lo que ocurrió ayer o lo que ocurrirá mañana.

Hay que aclarar otro tema antes de avanzar hacia algunas estrategias que sirven para usar mejor el tiempo. Tu orientación de tiempo lineal no sólo afecta tu capacidad de organizar tu tiempo; también influye en cuánto te comprometes con lo que estás haciendo:

● *Disasociación*:
Con una orientación predominantemente *a través del tiempo*, la gente puede realizar su trabajo mientras su mente está en otras cosas. Pueden resultar eficientes en cierto nivel, pero no están totalmente dedicados a lo que están haciendo en ningún momento.

Pensar lo que puede haber pasado ayer y preocuparse por lo que pasará mañana crea una distracción del presente. En consecuencia, esta orientación puede generar estrés.

● *Asociación*:
Una orientación *en el tiempo* implica que las personas pueden estar 100% involucradas en lo que están haciendo. Como el pasado está "detrás de ellas", no constituye una distracción de sus actividades. Debido a que se han liberado de pensar en el pasado, pueden sumergirse plenamente en lo que están haciendo en ese momento. Esto también significa que tal vez no aprendan del pasado y experimenten dificultades en planear el futuro.

Estos conceptos no tienen valor intrínseco. Son lo que son: cada orientación tiene sus ventajas y desventajas. Además, no están fijadas ni son permanentes. Los docentes altamente eficaces han sido capaces de reconocer cómo adaptar su preferencia mental de línea temporal para mejorar su comportamiento en cuanto al manejo del tiempo. Y también tú puedes hacer eso.

Por ejemplo, si debes elaborar el plan de clases de un período con una fecha tope, hay ventajas obvias en adoptar una orientación a través del tiempo. Podrás agregar cosas a lo que ya has hecho antes, tener idea de lo que necesitas hacer en el futuro y lograr la entrega del plan en la fecha indicada. Por otro lado, tu clase se beneficiará mucho de tu enseñanza, cuando te dedicas plenamente a lo que se está trabajando en ese momento. Una orientación *en el tiempo* te permitirá estar "en el momento" en la clase, con entusiasmo y totalmente consciente de todo lo que está ocurriendo. Y cuando dejas la escuela al terminar la semana, lo mejor para mantener una actitud sana y libre de estrés es cerrar la puerta de la clase y sumergirte en actividades de tu hogar, con tu familia o de tiempo libre, sin preocuparte de lo que pasó la semana pasada o lo que ocurrirá la próxima. Recuerda: *Un compromiso del 100% con lo que estás haciendo en cada momento constituye una poderosa actitud a prueba de estrés.*

El cambio a la orientación en el tiempo te ayudará a aprovechar mejor las actividades del tiempo libre. Si te repites que puedes regresar a la orientación *a través del tiempo* cuando necesites organizar un plan de trabajo, tendrás la confianza de relajarte y disfrutar el momento.

Dejar las cosas para más tarde

Cuando comprendas cómo experimentas el tiempo y cuál es tu línea temporal preferida, se producirá un importante efecto en tu manejo del tiempo. Sin embargo, en un nivel práctico, todavía necesitas enfrentar las tareas cotidianas, esas que constantemente postergas pero que, al mismo tiempo, sabes que debes hacer.

Todos dejamos las cosas para más tarde; y, según el dicho, no dejes para mañana lo que puedes hacer hoy. No me agradan particularmente las tareas domésticas, pero mi casa nunca ha estado más limpia que cuando estudiaba. Prefería hacer cualquier tarea doméstica antes que sentarme a escribir el ensayo que debía realizar. En el caso de una de mis compañeras, su actividad de distracción era acicalar a su gato. Para las dos, una actividad 100% mediocre era mejor que poner manos a la obra con la tarea asignada. Y lo más irritante: una vez que comenzaba el ensayo que había estado postergando, me daba cuenta de que no era tan difícil como yo pensaba, ¡y deseaba haberlo comenzado antes!

Puedes reconocer la clase de excusas que te das a ti mismo; cómo te convences de que tienes muy buenas razones para no hacer esa tarea esencial. El problema es que, cuando usas esos juegos contigo mismo tratando de encontrar razones para no hacer algo, agotas tu energía psíquica. William James lo expresó sucintamente: "Nada es tan fatigoso como resistir eternamente una tarea pendiente".[7] Yo sería una mujer rica si hubiera ahorrado una moneda por cada vez que escuché a un alumno decir: "Comencé el ensayo a última hora solamente porque trabajo mejor bajo presión". Y no lo hacen solamente los alumnos: me lo han dicho gerentes que postergan documentos importantes de su trabajo y luego trabajan largas horas para cumplir con la fecha límite. En ambos casos, como el resultado ha sido, por lo general, satisfactorio, son capaces de autoconvencerse de que para ellos es la mejor manera de trabajar. La realidad es que suele haber más errores en un trabajo apresurado y no queda tiempo para corregirlos. En este enfoque, la motivación ha sido la inminencia del plazo de entrega y no el estímulo de lograr el mejor trabajo posible. Continúan, entonces, poniéndose bajo ese estrés, haciendo caso omiso de que probar otro método realmente podría facilitarles la vida a ellos y a los que los rodean, además de tener el potencial para lograr un resultado que realmente sea el mejor trabajo, y no sólo un intento satisfactorio.

Esto no implica negar que los documentos importantes de trabajo necesiten de un período de incubación para permitir que se formulen los pensamientos creativos. Pero las técnicas de manejo del tiempo se aplican también al tiempo de pensamiento. Si se trata de un informe o un ensayo, debes calcular con realismo el tiempo que te llevará escribirlo, y ponerte un plazo de día y hora para comenzar. Entonces, antes de llegar al tiempo de empezar a escribir, puedes programar los momentos en que reunirás la información, tomarás notas y elaborarás un resumen. No tiene por qué ser un tiempo formal; yo siempre me dedico a leer algo que dispara mi proceso de pensamiento durante un viaje en tren. A través de todas estas actividades, tu mente inconsciente incubará tus ideas para que, una vez que comiences a escribir, ya esté realizada tu preparación mental y probablemente produzcas un trabajo mejor. Esto es mucho mejor que condensar la escritura y la reflexión juntas, lo que te pone bajo presión y puede provocarte ansiedad.

10 Pausa para pensar

Plan de juego para no postergar

Excusa	Respuesta
No me gusta hacer esta tarea.	Para empezar, encuentra algo que *te gusta*; por ejemplo, toma tu lapicera favorita para marcar; así, al pensar en el placer de usarla, comenzarás a trabajar. Reformula tu diálogo interior de "no me gusta" y repítete qué parte de la tarea te gusta. Planea la recompensa que te darás cuando hayas terminado. Date un tiempo acotado y plantéate que terminarás puntualmente para irte del colegio a determinada hora, mirar tu programa favorito de televisión, tomar una taza de café o salir con tus amigos.
Esta tarea es tan grande que no sé por dónde comenzar.	Utiliza el enfoque del "salame": a rebanadas. Comienza con una pequeña porción, no necesariamente el comienzo; pero empieza en alguna parte. Todavía mejor: haz primero lo peor.
No sé cómo hacer esta tarea.	Acepta que necesitas pedir ayuda. ¡Pídela y hazlo ya!
Necesito más información antes de comenzar.	¡Ve a buscarla!

Estoy demasiado ocupado.	¿Qué consecuencias tendrá postergar la tarea? ¿Sufrirán otras personas si no lo haces? ¿Cómo te sentirás, probablemente, si no la haces? ¿Tendrás que apresurarte a completarla más tarde y terminarás haciendo un trabajo inferior? ¿Cómo te sentirás por eso? Realiza una evaluación realista de tu trabajo. Si realmente consideras que tienes demasiado que hacer en comparación con otras personas, pregúntale a tu director cómo quiere que priorices. Si es necesario, pregunta si otras personas pueden participar para ayudarte con la tarea.

PRIORIZAR: ENCUENTRA LO QUE ES IMPORTANTE PARA TI

La mayor motivación para superar las tácticas de demora es tener un sentido claro de lo que es importante para ti y qué objetivos tienes en la vida. Los docentes altamente eficaces se toman tiempo para considerar lo que es importante en su trabajo, para así no desperdiciar el tiempo en cosas sin trascendencia.

En un nivel básico, se trata de definir tu respuesta a lo que es *urgente* en contraposición con lo que es *importante*. Los temas urgentes son los que exigen nuestra atención inmediata. Son los asuntos que ocupan nuestro tiempo cuando llenamos nuestros días de ocupaciones laborales, corriendo por todas partes en respuesta a las crisis o a los problemas. Los temas importantes no son visibles, pero son los asuntos en los que podemos actuar para cumplir nuestras metas a largo plazo, los puntos que aseguran la satisfacción laboral y el empoderamiento.

Si llenas tu tiempo con reacciones a las cosas que necesitan atención urgente, entonces probablemente se te considerará muy *eficiente*. Pero si supones que estos asuntos urgentes son importantes también, no serás todo lo *efectivo* que podrías ser. Piénsalo de esta forma: digamos que tengo un montón de billetes en mi mano y los arrojo al aire invitando a la gente a que los recoja. La persona que se lanza a levantar todos los billetes que pueda ciertamente será la persona más eficiente, pero aquella que va directamente a buscar el billete de 50 euros sería la más efectiva.

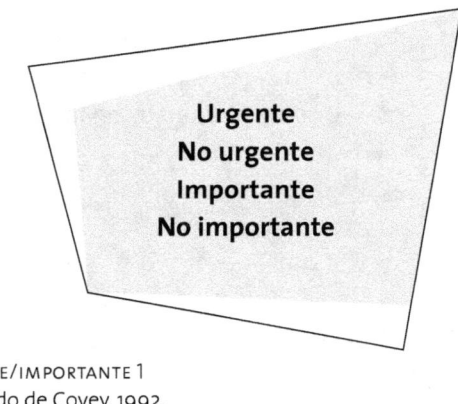

FIGURA 10
Matriz urgente/importante 1
Fuente: Adaptado de Covey, 1992.

Puedes definir para ti mismo cómo te involucras en los asuntos urgentes y los importantes utilizando la matriz de la Figura 10. Esto sugiere que puedes organizar los asuntos que requieren tu atención en cuatro categorías distintas.

● *Urgente y no importante*:
Son las cosas que exigen tu atención inmediata. Si suena el teléfono, por ejemplo, la mayoría de la gente simplemente *tendría* que responder. Algunas personas pueden dejarse engañar creyendo que reaccionar ante asuntos urgentes es hacer una tarea importante. La realidad es que la urgencia puede estar basada en las priorida-

des y expectativas de otras personas. Cuando la gente se esfuerza por cumplir las exigencias de su lugar de trabajo, en esa zona resulta tentador pasar más tiempo. Pero es el lugar de manejo de crisis y de apagar incendios, y si pasas la mayoría del tiempo de trabajo allí, puedes quemarte.

- *No urgente y no importante*:

Cuando la gente está abrumada por pasar la mayoría de su tiempo laboral con asuntos urgentes/no importantes, fácilmente puede caer en el alivio de una rutina en la que se ocupan sólo de lo prosaico. El manejo de crisis se cobra su precio en una merma de energía tanto mental como física, y la docencia puede convertirse en sólo una serie de acciones rutinarias.

- *No urgente pero importante*:

Es el área de las cosas que sabemos que son importantes, pero de las que tal vez nos resulte difícil comenzar a ocuparnos. Son actividades que funcionan como los ladrillos de un profesional potenciado. Incluyen cosas como la construcción de relaciones, el planeamiento a largo plazo, el mantenimiento de la salud, el plan y la preparación, la prevención de crisis. Los docentes altamente eficaces se aseguran de asignar tiempo para enfocar esas actividades que contribuirán a construir su capacidad para logros a largo plazo.

- *Urgente e importante*:

Identificar lo que es importante y prestarle atención dejará más pequeños, en comparación, a los asuntos de esta última categoría. Los docentes altamente eficaces reconocen y trabajan rápidamente con los asuntos de esta categoría. Si te tomas el tiempo para construir una relación con la clase, por ejemplo, se reducirá la incidencia del comportamiento perjudicial. Una vez que se considera que la conducta perjudicial es un tema urgente, pero no importante, se lo tratará de manera rápida y efectiva, en vez de permitirle que asuma una importancia innecesaria.

Ocuparte de tus propias actividades, como sugiere la Figura 11, tendrá dos efectos importantes. Asegúrate de que tu foco principal esté puesto en asuntos *importantes/no urgentes*, porque eso te potencia. Si realizas una acción preventiva para que los temas *importan-*

tes no queden descuidados, se reducirá la incidencia de asuntos que necesiten tu atención inmediata. La aplicación de la prueba de *urgente/importante* reducirá realmente lo que tienes que hacer hasta un cuarto de lo que creías que tenías que hacer.

	Urgente	No urgente
Importante	¡Hazlo ahora!	Planea
No importante	Delega	Abandónalo

FIGURA 11
Matriz urgente/importante 2
Fuente: Adaptado de Covey, 1992.

Crear resultados factibles

Muchas personas renuncian a la idea de alcanzar metas y planear resultados porque nunca logran lo que se propusieron hacer. "Los mejores planes...", citan a menudo, como si alguna fuerza externa estuviera decidida a interferir con sus planes y frustrar sus metas. Estas personas pueden ser muy mordaces con respecto a otros que logran alcanzar el éxito. Tal vez lo atribuyen a la buena suerte, a estar en el lugar correcto en el momento correcto, a tener de alguna manera información exclusiva. Debido a que sus propios planes nunca cristalizan, llegan a la conclusión de que el éxito de los demás se debe a alguna ventaja externa que ellos mismos no logran adquirir.

Lo que no alcanzan a ver es que la gente que tiene éxito en lo que hace, generalmente, goza de claridad respecto de lo que es importante para ella, y se plantea resultados asequibles a los que apuntar. Aunque tienen claridad en cuanto a sus resultados, también son bastante flexibles para adaptar sus planes a la luz de los hechos, en vez de apegarse rígidamente a un plan y lamentarse después de su fracaso. Como se han tomado el tiempo para pensar bien sus objetivos, se han ubicado en posición de aprovechar la ventaja de las oportunidades en cuanto surgen. Son capaces de construir su propia suerte.

Una forma de revisar la viabilidad de las metas que nos planteamos es aplicar la siguiente prueba; así podrás comprobar si tu objetivo está expresado de manera que cumpla los requisitos para el éxito. ¿Es...

- específico?
- medible?
- alcanzable?
- realista?
- con relación temporal?

Un objetivo para "mejorar el desempeño de mi clase en los exámenes" no cumpliría con esta prueba. Mientras que la meta de "aumentar en un 25% el número de alumnos de mi clase que alcancen una clasificación alta en los exámenes de este año" sí cumple con los criterios. Si estableces una meta, debes ser capaz de medir si la has alcanzado.

Pero incluso cuando la gente alcanza las metas que se estableció, puede terminar pareciendo una victoria vacía. ¿Recuerdas a Gaynor, a quien describí en el **Hábito 3**? Ella buscaba que la ascendieran porque pensaba que era lo que debía hacer. Pero terminaba sintiéndose infeliz e incapaz de obtener satisfacción alguna por haber alcanzado su meta.

Por eso, ser un docente altamente eficaz es mucho más que establecer objetivos que cumplan con estos criterios, o apuntar a algo a lo que te parece que deberías apuntar. Una visión de una meta

que ha sido muy reflexionada, que encaja con tus valores, que está enmarcada en términos realistas y positivos, puede ser tan seductora que te impulsa hacia ella casi a pesar de ti mismo. Tu visión necesita ser tal que, cuando pienses en ella, experimentes una ola de emoción y energía que sea convincente e irresistible.
Da un paso hacia esa visión ahora:

● Pregúntate qué te gustaría estar haciendo el próximo año, y en cinco años.
● Piensa en qué es importante para ti de la docencia
(ver INTRODUCCIÓN, p. 21).
● ¿Cómo encajará tu visión con tus valores de la docencia?
● ¿Puedes estar seguro de que tu visión
no dependerá de otras personas?
● Resiste la tentación de pensar en términos
de lo que deberías estar haciendo: tu visión necesita ser
lo que realmente quieres para ti.

Ahora usa la Pausa para pensar 11 para crear una representación mental de tu visión.

 Pausa para pensar

La poderosa bellota y el pequeño roble[8]
Los poderosos robles crecen de pequeñas bellotas.
La mayoría de la gente conoce este proverbio,
pero ¿alguna vez pensaron realmente en la poderosa
metáfora de cómo podemos lograr los resultados
que queremos en nuestra vida?
Muchas personas persiguen metas sin estructura clara,
o sin revisar el efecto general de la meta. Cuando esto
sucede, a menudo pueden hallar que, después de todo,
la meta no era lo que en realidad querían.

Utilizando nuestra metáfora de la bellota, sería muy tonto plantar piñas y esperar que crezca un roble. No tendría mucho sentido plantar un roble en el desierto y esperar que sobreviva sin ayuda. Ni tampoco podrías esperar que cien bellotas plantadas en el mismo terreno de medio metro cuadrado sobrevivan como robles. Y si plantaste una bellota esta noche no sería realista mirar por tu ventana con la expectativa de ver un roble al día siguiente.

Sin embargo, de alguna manera, las personas hacen toda clase de cosas para lograr resultados, incluso aunque el sentido común les diga que están siendo poco realistas. Después de todo, el roble totalmente crecido puede parecer poderoso, pero en muchos sentidos lo más impresionante es realmente la bellota. Sin la bellota, el roble no existiría. Y la bellota ha tenido que superar muchos obstáculos en su camino para convertirse en roble.

De modo que el acrónimo de la bellota es útil para comprobar si tienes todas las piezas en su lugar y así asegurarte de que también obtengas los resultados que quieres. Contiene todas las piezas y preguntas esenciales para que logres los resultados efectiva y ecológicamente.

En cualquier etapa puedes modificar, cambiar o abandonar la meta inicial que imaginaste, y eso está bien. Mucha gente pierde tiempo en sueños imposibles, fantasías y resultados irreales e inalcanzables. ¡Este modelo debe asegurarte que realmente consigas lo que buscas!

Actúa como si ya hubieras alcanzado el resultado. En otras palabras, haz como si ya tuvieras lo que estás buscando y luego responde estas preguntas:

- ¿Qué estás viendo, oyendo y sintiendo?
- ¿Qué grupo de palabras describe adecuadamente de manera positiva lo que has logrado? (Fíjate en no incluir cosas negativas como "Ya no estoy estresada" o "Ya no tengo problemas", porque el cerebro no puede pensar acerca

de *no* querer algo, ¡sin primero pensar acerca de la cosa que precisamente quieres evitar! Di lo que quieres, no lo que no quieres.)

Revisa los efectos de lograr esto.

- Una vez alcanzada tu meta, ¿cómo te afectó?
- ¿De qué otra manera te afecta...?
- ¿Y qué significa para ti?
- ¿Qué efectos tiene en otras personas: amigos, familia, colegas, etc.?
- ¿Qué otros efectos pueden producirse y qué consecuencias tendrían?

(Antes de avanzar, tal vez necesites regresar a **Actuar como si** para ver, oír y sentir si la meta que buscas ha cambiado.)

La posesión es la meta.
Tras responder todas estas preguntas, ¿todavía quieres tu meta? Puedes decir, con la mano en el corazón, que después de responder con honestidad estas preguntas estás 100% comprometido con esto.
Puedes comenzar y mantener personalmente las acciones necesarias para alcanzar la meta (no quiere decir que tengas que hacerlo todo, pero sí que debes tener el poder y la autoridad para controlar los elementos clave.)
Si no puedes decir "sí" a todo esto, entonces necesitas volver a **Actuar como si** y reevaluar tu meta.
O quizá buscar una nueva meta.

Recursos
- ¿Qué recursos ya tienes en cuanto a tiempo, materiales, personas y dinero?
- ¿Qué recursos puedes adquirir, de dónde y de quién?
- ¿Necesitas nuevos recursos en términos de capacidades o conductas para ti o para otros?

En esta etapa puede ser que te encuentres desglosando el resultado que buscas en una serie de cosas más pequeñas, todas las cuales pueden someterse al mismo proceso.

¡Ahora hazlo!
Crea un detallado plan de acción y
da el primer paso ya mismo.

Lograr el equilibrio entre la vida y el trabajo

El enfoque del manejo de tiempo en el **Hábito 4** no implica que sea posible hacer más cosas en el tiempo disponible. Más bien, comienza con una comprensión de ti mismo y de tu relación con el tiempo. Lograr esa comprensión te ayudará a lograr una meta real de manejo del tiempo, y a la vez un buen equilibrio entre vida y trabajo. Parte de comprenderte es descubrir tu "horario de mayor calidad". Es la parte de tu día en la que habitualmente te sientes más energizado y capaz. Es la hora para programar esas tareas que generalmente postergas o las cosas realmente importantes que quieres hacer bien. Hace muchos años, cuando yo enseñaba y cursaba una maestría al mismo tiempo, descubrí que la única forma en la que podía escribir mis ensayos era si me levantaba temprano, antes que el resto de mi familia. Mi concentración era mejor a las cinco de la mañana y conseguía mucho más a esa hora con un esfuerzo aparentemente menor, que cuando luchaba contra el cansancio y las distracciones. Sigo levantándome temprano (aunque no siempre a las cinco de la mañana) porque sé que a esa hora soy más productiva.

Tu propio momento de mejor calidad puede ser una hora distinta del día, y si piensas cuándo es, probablemente te des cuenta de que también hay un tiempo del día en el que tu energía baja. Obviamente, se trata de un horario en el que no debes intentar ningún trabajo serio. Luchar contra tus ritmos corporales naturales te drenará la energía y resultará contraproducente a largo plazo. Es mucho mejor a corto plazo escuchar lo que te dice tu cuerpo, y al mismo tiempo maximizar el potencial de tu momento de mayor calidad y minimizar los efectos de tu hora del día menos productiva.

Si quieres mantener el equilibrio en tu vida, debes también programar un momento para renovar la energía física y mental. No sólo el mundo necesita recursos sostenibles; también nosotros necesitamos preservar nuestros propios recursos energéticos y mantener nuestra cordura en medio de exigencias estresantes y a menudo conflictivas. Las "zonas de estabilidad" son esos momentos y cosas que nos proporcionan períodos de actividad de recuperación.[9] Una zona de estabilidad puede ser cualquier cosa que te ayude a mantenerte anclado en un mar sacudido por las tormentas de tu vida laboral. Puede ser tan pequeño como la fotografía de las vacaciones o de alguien a quien quieres, cualquier fotografía que te proporcione un sentimiento de cariño cada vez que la miras. O podría ser un cartel que cuelgas en el salón de clase y da una sensación de paz y calma. Una zona de estabilidad puede ser algo muy práctico que haces: algo en lo que puedes sumergirte para apartar ciertas cosas de tu mente, como ir al gimnasio, cocinar o algún pasatiempo. Una zona de estabilidad también puede ser el momento que pasas con gente que amas y amigos cuya compañía disfrutas. La gente que siempre te apoya, que te mantiene con los pies en la tierra; la gente con la que sientes que puedes ser tú mismo. Una zona de estabilidad puede ser también algo menos tangible, pero que de todas formas te mantiene anclado en la realidad; tus valores y creencias, los parámetros profesionales y personales que tomas como guía.

Los docentes altamente eficaces se aseguran de tener suficientes zonas de estabilidad para que los ayuden a lograr el equilibrio entre trabajo y vida. Vale la pena que le dediques tiempo a la consideración del equilibrio de tu vida. Puedes llevarlo a cabo con la Pausa para pensar 12: piensa en las cosas de tu vida que actúan como zonas de estabilidad para ti, y luego divide el esquema de acuerdo con la importancia que les asignas. Puedes llegar a pensar que te sería ventajoso agregar zonas: amigos, por ejemplo, ¿eres bueno para mantener redes de personas en cuya compañía puedes relajarte? O lugares: ¿tienes un sitio favorito que no has visitado durante mucho tiempo por pensar que no te alcanzaba el tiempo?

 Pausa para pensar

Tus zonas de estabilidad
- Tus valores, creencias, filosofía
- Tus actividades
- Tus organizaciones
- Tus lugares
- Tus objetos
- Tu gente

Ahora divide el círculo en rodajas que demuestren la importancia de los distintos tipos de zonas de estabilidad que tienes en el presente.

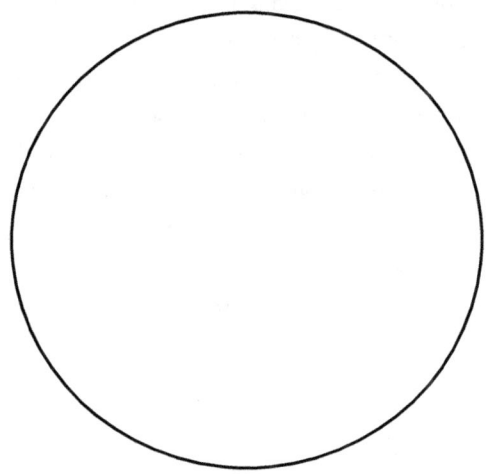

Conclusión

El **Hábito 4** implica tomar el control de tu vida y esforzarte por hacer las cosas que son importantes (con suficiente tiempo libre para evaluar cómo las estás haciendo). El **Hábito 4** no sólo le adjudica importancia a las tareas del trabajo; incluye también estas actividades que necesitas llevar a cabo para mantener tu salud y buen estado físico y seguir mentalmente alerta y comprometido con el mundo que te rodea.

La formación tradicional de manejo del tiempo te dará muchos consejos y estrategias para "ahorrar" tiempo. Es cierto que muchas personas pueden beneficiarse con la capacitación sobre el manejo del tiempo: tal vez se entusiasmen con eso y se lancen a la utilización de las estrategias. Y también es verdad que, después de una semana o dos, muchos pensarán que las estrategias no están funcionando y renunciarán, para regresar a sus costumbres previas.

El punto de partida para el **Hábito 4** ha sido la inclinación "natural" que parece que como individuos tenemos hacia el tiempo. Poseemos una forma única de conocer que el pasado es el pasado y el futuro es el futuro. Antes de que podamos adoptar los consejos y estrategias con cierto grado de éxito, debemos comprender cómo nuestra *re*–presentación personal del tiempo afecta nuestro comportamiento en cuanto al manejo del tiempo.

Los docentes altamente eficaces reconocen que el tiempo es un recurso como cualquier otro, y que existen opciones para usar el tiempo con el que contamos. Son capaces de priorizar para que se hagan las cosas importantes; han realizado un plan de juego que les permite evitar la postergación de tareas que pueden parecer tediosas. Pueden maximizar su eficacia usando de la mejor manera posible su momento de mejor calidad para abordar los asuntos importantes. Aún más: utilizan su comprensión del tiempo para lograr el equilibrio entre vida y trabajo, y así potenciarse profesionalmente.

Reflexión: Niveles neurológicos para el manejo del tiempo

Ambiente
Echa un nuevo vistazo a tu ambiente de trabajo.

- ¿Pasas sin necesidad demasiado tiempo trasladando escritorios y sillas? ¿Tal vez una disposición diferente te ahorraría tiempo?
- ¿Ya es hora de que vacíes tu escritorio para evitar revolver tus papeles cada vez que quieres encontrar uno?
- ¿Es eficaz tu sistema de archivo? ¿Cuánto tiempo te lleva hallar lo que buscas?
- ¿Está tu clase organizada para que los alumnos puedan encontrar lo que necesitan sin pedírtelo repetidas veces?

Conducta
- ¿Qué haces que te signifique una pérdida de tiempo?
- ¿Comprendes la razón de tu postergación para más tarde?
- ¿Tienes una estrategia para superar esta postergación para más adelante?
- ¿Realizas listas de cosas por hacer?
- ¿Eres capaz de revisar y repensar tus listas una vez que las hiciste?

Capacidad
- ¿Priorizas los puntos de tus listas de cosas por hacer?
- ¿Conoces tu momento de mayor calidad (el tiempo del día en el que mejor trabajas)?
- ¿Planeas con anticipación para alcanzar metas que son importantes para ti?

Creencias y valores
- ¿Has revisado que tus metas se ajusten a tus valores?
- ¿Puedes señalar la diferencia entre lo que es urgente y lo que es importante?
- ¿Usas el principio de Pareto para evaluar tu trabajo? (La regla 80-20: 80% del valor proviene del 20% del trabajo, por lo que concentrarse en el 20% más importante puede mejorar tu trabajo.)
- ¿Te valoras lo suficiente para no permitir que tus metas queden de lado por culpa de distracciones innecesarias?

Identidad
- ¿Sabes si lo que estás haciendo es lo correcto para ti?
- ¿Las metas que te has fijado son las adecuadas para tu persona?
- ¿Cuáles son tus fortalezas y debilidades con respecto al manejo del tiempo?
- ¿Cómo puedes superar cualquier debilidad, qué métodos te convienen?

Notas

1 Citado en Covey, 1992.
2 Solomon Flores, 2001.
3 James y Woodsmall, 1988, p. 17.
4 Csikszentmihalyi, 1997, p. 8.
5 Hall, 1984.
6 James y Woodsmall, 1988, p. 16.
7 William James, *The Letters* (Las cartas)
en http:// www.des.emory.edu/mfp/james.html.
8 Agradezco a Stenhouse Consulting por permitirme
utilizar su modelo original.
9 El concepto de "momento de mayor calidad" y el de "zonas de estabilidad"
han sido tomados de *Open University*, 1992.

PARTE **II**

Comprometerse con los otros

HÁBITO ❺ Establecer una comunicación creativa
HÁBITO ❻ Escucha atenta
HÁBITO ❼ Practicar las conductas influyentes

HÁBITO 5

Establecer una comunicación creativa

Para cualquier interacción significativa del consciente y el subconsciente, la práctica resulta esencial.[1]

5

El **Hábito 5** tiene que ver con hacer conexiones. Todos conocemos la sensación de "conectar" con otra gente. Son esas personas con las que la conversación fluye libremente, donde no hay malentendidos, nos sentimos cómodos y existe una sensación de confianza entre las dos partes. A veces esto parece ocurrir sin ningún esfuerzo de nuestra parte, y entonces suponemos que algunas personas son más agradables, sin complicaciones, confiables, y que otras personas simplemente son "difíciles".

Es cierto que con algunas personas lograr una conexión puede ser un desafío. Como, por ejemplo, cuando enfrentas una clase de alescentes descontentos, cuando tratas con padres que desaprueban tu enfoque de la enseñanza o cuando intentas trabajar armónicamente con un colega que siempre ve el lado negativo de todo. Resulta desconcertante no poder llevarte bien con la gente en esas situaciones, y esto puede ser una fuente de frustración. No es ninguna sorpresa que se usen tanto los prefijos des-/dis- para describir estas situaciones molestas: la definición que mi diccionario da de ellos es "negación o inversión". Al realizar conexiones, apuntamos a deshacernos de la "negación" cifrada por des-/dis- y revertirla al original: "contento", "acuerdo", "aprobación", trabajo "coordinado".

Los docentes altamente eficaces reconocen que el primer paso para realizar conexiones en donde haya contento, aprobación y acuerdo es establecer una *compenetración*. Sue Knight lo ha dicho de manera sucinta. Esta compenetración es realmente un "prerrequisito de la buena comunicación, la influencia benéfica y el cambio".[2] Ya sea que trabajes con alumnos, padres o colegas, es el elemento esencial de base para buenas relaciones laborales. Establecer la compenetración es en primer lugar un proceso; es continuo, dinámico y puede cambiar. En segundo lugar, la compenetración no es algo neutral, sino *influyente*. Y, en tercer lugar, aunque la compenetración parezca simplemente darse con algunas personas, lo importante es que nos demos cuenta de que puede crearse, de que puedes ser *creativo* para establecerla.

Si la compenetración parece "simplemente ocurrir" con algunas personas, dado que se trata de un proceso, algo debe estar ocurriendo entre la gente que la crea. Por lo tanto, se entiende que, cuando no se da la compenetración, ese "algo" que ocurre para crearla debe estar faltando. Cuando nuestras relaciones con las personas son buenas, aunque reconocemos que lo son, no siempre nos damos cuenta de lo que ocurre entre nosotros para crear esa buena comunicación. Una buena relación parece simplemente ocurrir sin ningún esfuerzo consciente de nuestra parte. Sin embargo, si prestamos atención a lo que ocurre en las buenas relaciones, podemos *potenciarnos* para recrearlas con otras personas con las que necesitamos trabajar con mayor armonía.

Adoptar el **Hábito 5** significa practicar los comportamientos que crean compenetración. Significa traer a la conciencia las cosas que parecen ocurrir de manera intuitiva cuando la gente entra fácilmente en "armonía física y de conversación".[3] Significa hacer consciente lo inconsciente, para que puedas descubrir cuánta capacidad creativa tienes ya en ti para potenciarte tú y potenciar a los demás.

Hacer consciente lo inconsciente

Comencemos con una simple prueba. Tómate 10 segundos solamente para leer la siguiente oración y cuenta cuántas f hay en las oraciones. Hazlo velozmente y sigue leyendo:

> *Finished files are the result of years of scientific study combined with the experience of years. (Las notas nominales con un cierre final son el resultado de años de estudio científico combinado con la experiencia de los años.)*

¿Cuántas "f" contaste? En las sesiones de formación hay diferentes respuestas de los alumnos, pero la mayoría de ellos suele decir tres. Así que, si lo leíste velozmente, es probable que hayas decidido que había dos o tres. Quizás uno de los participantes en un grupo de formación llegue a decir "seis", que es la respuesta correcta. Si tu respuesta fue menos de seis, vuelve a leer el texto: ¿contaste la "f" en "científico" y las "f" al final de los tres *"of"*?

Esta simple prueba ilustra cómo conscientemente todos eliminamos información que está ahí todo el tiempo. Quizá por ideas preconcebidas, o por lo que nos han condicionado a esperar. En esta prueba, las primeras dos "f" al comienzo de las palabras son muy obvias, lo que crea una expectativa para el resto de la oración. Cuando se le echa un rápido vistazo a la oración, las letras que aparecen a la mitad o al final de algunas palabras pueden pasar desapercibidas. Es el mismo caso de "punto ciego" del que hablé en el **Hábito 2**. El juego de "Cazar el dedal" depende del hecho de que en nuestro funcionamiento normal no registramos en un nivel consciente gran cantidad de información que está totalmente disponible. El **Hábito 2** fue un desafío para distinguir de manera más cuidadosa lo que ya notas, sin hacer suposiciones sobre lo que ves, oyes y percibes. El objetivo es ampliar tu agudeza sensorial y así captar mensajes más sutiles de la comunicación verbal y no verbal de otras personas. No es extraño que esta conciencia elevada nos dé una base para ser creativos con las relaciones. Cuando podemos ver más, oír más y percibir más, tenemos evidencia real sobre en qué podemos basar buenas relaciones, en lugar de interpretarlas a partir de nuestro propio mapa mental. Tenemos más posibilidades de conectar con otras personas, si intentamos ingresar en su mapa de la realidad, y no esperar que ellos naveguen nuestro propio mapa.[4]

Tal vez no hemos notado las señales externas que indican que alguien se encuentra en un particular estado de ánimo, debido a los mecanismos mentales que hemos desarrollado para manejar la inmensa cantidad de información que ponen a nuestra disposición los sentidos (ver FIGURA 12). Quizás oímos las palabras que alguien nos dice pero se nos escapa el mensaje que subyace y que transmite la entonación. Y tal vez no nos acerquemos a la esencia de otras personas por interponer nuestro propio sentido del yo —y nuestro propio mapa—, e ignoramos el potencial para "llegar a otros" y comprender cómo es que realmente se encuentra otra persona. Los buenos docentes están alerta ante la diversidad de mensajes de los demás; pueden crear buen entendimiento mutuo y establecer relaciones, incluso cuando el comportamiento de otra persona es desafiante y obstructivo.

Antes de continuar con "cómo" crear buen entendimiento, debemos reconocer que existen diferentes niveles en él. Hay una diferencia entre el entendimiento necesario para desarrollar buenas relaciones laborales con nuestros colegas y la compenetración que tienes con una pareja, que puede ser un alma gemela. Es importante entender el nivel, o invertirás mucho esfuerzo en lograr un nivel de compenetración más profundo del necesario. No sólo eso, ¡podrías aun encontrarte con resultados inesperados!

Cada vez que quiero subrayar que no se debe subestimar la influencia de la compenetración, recuerdo una experiencia que tuve.

> Tenemos tanta información a nuestro alcance gracias a nuestros sentidos —lo que podemos ver, oír, tocar, saborear, oler y percibir—, que hemos desarrollado

mecanismos mentales para clasificar la información y elegir a qué le prestamos atención en determinado momento. Existen tres procesos principales:[5]

1

Supresión: Como habrás notado a partir de la prueba de la búsqueda de las efes, si dirigimos la atención a una cosa, podemos ignorar algo más. Quizá no "veamos" algo que está frente a nuestros ojos (como en la FIGURA 3), o podemos dejar de prestar atención a la charla en la clase para oír la conversación entre dos alumnos en particular. Podemos también sumergirnos tanto en una tarea, que nos pasan desapercibidos los sentimientos de otra persona, o su reacción ante nuestro comportamiento. Probablemente, un ejemplo común de supresión que la mayoría de las personas habrá experimentado es pensar en algo mientras estamos conduciendo nuestro auto, y después no recordar nada de todo el viaje. Hay psicólogos que se han referido a los seres humanos como *avaros cognitivos* en el uso del proceso de supresión; es una estrategia eficiente para usar bien nuestra limitada capacidad cognitiva de procesar un mundo de información casi infinito.[6]

2

Distorsión: Con este mecanismo cambiamos mentalmente la información sobre el entorno exterior. Todas las creaciones artísticas, toda la literatura genial, se han producido porque el artista o escritor ha logrado distorsionar y reconfigurar la realidad presente. De manera similar, los avances en la ciencia implican la capacidad de distorsionar y tergiversar el conocimiento y la realidad existentes.[7] En un nivel más prosaico, si estamos dedicados a la decoración de interiores, miraremos una habitación y distorsionaremos lo que vemos, imaginando cómo quedaría en un color diferente.

Desde la psicología también se ha afirmado que este proceso de distorsión es casi universal para esparcir rumores. Cuando se difunde una historia o el relato de un evento, tiempo después de que haya ocurrido, el patrón es similar: se dejan de lado casi todos los detalles y, a la vez, ciertos pormenores se agudizan.[8] La distorsión es, además, el mecanismo que lleva a nuestra tendencia de "leer las mentes" en cuanto a las intenciones de las personas o el significado de lo que dicen, interpretándolos a partir de nuestro propio mapa mental, en vez de comprobar la exactitud de lo que vemos y oímos.

Generalización: Nuestra capacidad para generalizar es un mecanismo esencial. Si no fuéramos capaces de hacerlo, cada día nos presentaría una experiencia completamente nueva. Es una de las formas de aprender sobre el mundo: sacamos amplias conclusiones basadas en una o más experiencias. Aunque se trata de un proceso esencial para evitar acercarnos de cero a una experiencia, también provoca que estereotipemos a las personas y sus comportamientos. Podemos categorizar a la gente basándonos en una o dos experiencias, y nuestros prejuicios, entonces, influyen en cómo tratamos a estas personas, a quienes hemos introducido en nuestras generalizaciones preexistentes.

FIGURA 12
Procesos de pensamiento

Hace algunos años estaba en un curso de formación en el que nos pedían realizar un trabajo en equipo durante tres días para cumplir una tarea. Desde el comienzo fue evidente que un miembro de nuestro grupo no había leído la información antes del curso. Mientras el resto de nosotros estábamos ya listos para sumergirnos en la tarea, ella probaba tácticas de dilación para tener tiempo de ponerse al día con el resto de nosotros. Desafortunadamente, sus tácticas fueron percibidas como abiertamente obstructivas, y sólo sirvieron para separarla de los otros miembros del equipo. Optaron por ignorarla, pero, dado que uno de los resultados de la formación era analizar cómo habíamos trabajado en equipo, decidí que quería el desafío de involucrarla. Así que tomé como una tarea personal construir cierto buen entendimiento con ella, y durante dos días me esforcé mucho para conseguirlo. Es un proceso sutil, así que los otros miembros del equipo no se dieron cuenta de lo que estaba ocurriendo, pero para cuando llegamos al día 3, se había producido un cambio notable. Para empezar, ¡ella se había encariñado conmigo! Me buscaba en los recreos para el café y en el almuerzo, y cada vez que nos mudábamos a una sala distinta, ella se esforzaba por sentarse a mi lado. Sin embargo, además de eso, ocurrió algo de mayor importancia: toda su actitud se moderó en esos tres días. Para cuando llegamos al plenario final a dar nuestro informe, se sintió capaz de admitir frente al grupo que reconocía que su comportamiento inicial había sido defensivo porque había llegado sin estar preparada para la tarea.

Me pregunté cuál hubiera sido el resultado si yo no hubiera creado generado relación con ella, si yo me hubiera acoplado a los demás y la hubiera ignorado. Sentí que había aprendido de esta experiencia que el buen entendimiento por sí solo puede influir en un resultado. Se ha sugerido que la mayoría de las decisiones de negocios se realizan basadas en la compenetración más que en méritos técnicos.[9] En mi ejemplo, esforzarme por establecer buen entendimiento llevó a un mejor resultado, tanto para el individuo como para el equipo. Y el hecho de que yo, además, adquirí una "simpatizante" indica que crear compenetración puede tener efectos colaterales imprevistos.

Crear buen entendimiento
Paso 1: Corresponder al lenguaje corporal

Crear buen entendimiento no es realmente difícil. Todos somos capaces de hacerlo inconscientemente. Hacerlo de manera conscientemente requiere, precisamente, una conciencia intensificada —una mayor agudeza sensorial— y un poco de práctica.

La base de todos los pasos para crear compenetración es el hecho de que tendemos a responder a la gente que es de alguna manera parecida a nosotros. Sentimos afinidad con alguien cuando reconocemos que piensa como nosotros, que le gustan las cosas que nos gustan, que tiene valores similares a los nuestros.

Así que, dando vuelta eso, si podemos señalar una afinidad con otra persona, probablemente establezcamos un buen entendimiento. Existe un proverbio de los nativos americanos que nos proporciona una metáfora útil para comprender cómo crear esa compenetración. Aconseja: "Para comprender a un hombre, debes caminar una milla en sus mocasines". Sugiere que necesitamos intuir al otro, ponernos en su lugar. El Paso 1 describe la forma rápida y fácil de hacer esto: al "*corresponder* con" algo de la conducta física de la otra persona, podemos dar un primer paso en sus mocasines.

Puedes elegir un aspecto cualquiera de la conducta de otro (ver FIGURA 13). Esto es lo que, de todas maneras, ocurre cuando la gente establece una relación de comunicación. Si en un bar lleno de gente miras a tu alrededor, sabrás instintivamente cuáles son las personas que se están llevando bien. Tal vez estén sentadas de manera similar, con los brazos o las piernas cruzados al mismo tiempo, y sus movimientos pueden tener un ritmo natural, casi como si estuvieran bailando juntos.

> "Corresponder con" es lo que hacemos inconscientemente cuando nos llevamos bien con la gente. Y, con una mayor agudeza sensorial, podremos hacerlo

conscientemente cada vez que necesitemos crear un clima de confianza con otra persona. Para que tu nueva agudeza sensorial acentuada perciba más sobre otras personas, practica cómo "corresponder con" otro a partir de lo siguiente:

● *Postura*: Presta atención a la forma en que se sienta o está de pie la persona, cómo distribuye su peso. De la misma manera en que con toda naturalidad te sientas, si el otro está sentado, en vez de quedarte de pie frente a él, puedes ajustar tu postura de maneras más sutiles para crear compenetración. Tal vez notes una inclinación particular de la cabeza o la posición de los hombros. Para mí, ahora, es casi de rutina que la primera cosa que hago en una entrevista es notar cómo se sienta la otra persona y ponerme en una posición similar. Algunas veces, la gente me dice que le resulta difícil "hacer juego" con la posición del otro, si los aparta de su estilo normal más cómodo. Sucede que sólo nos sentimos cómodos con la manera en que hacemos las cosas —ya sea cómo nos sentamos, movemos o hablamos—, porque se ha convertido en un hábito realizarlo de esa forma. Al igual que ocurre con todos nuestros patrones de conducta, adquirimos el hábito de comportarnos de la manera en que lo hacemos, y practicamos hasta que nuestros patrones se vuelven tan habituales que parecen una parte irrevocable de nosotros mismos. Pero si hacer las cosas de otra manera significa que podemos mejorar una relación, entonces podemos aprender a hacer eso también. Al principio puede parecer extraño dar un paso fuera de nuestra zona de confort, pero si la flexibilidad implica una mejor relación laboral, definitivamente vale la pena practicar un poco.

● *Gestos y movimientos*: Presta atención a cómo una persona coloca sus brazos y si usa gestos particulares. Si realiza movimientos casi ampulosos, resultará muy obvio intentar corresponder exactamente. Sin embargo, puedes hacer movimientos más pequeños sólo con una mano, o incluso con los dedos. Esto puede resultar particularmente eficaz cuando se resume lo que alguien ha dicho para comprobar que se ha entendido el significado. Si repites los gestos junto con las palabras, no sólo estarás transmitiendo una fuerte impresión de que comprendiste lo que se dijo; *comprenderás* realmente porque estarás poniéndote en su lugar, "*haciendo juego con*" su experiencia.

● *Voz*: Puedes elegir muchas cosas de la voz para armonizar o "hacer juego": el volumen, la velocidad, la entonación. Si lo haces bien, puede resultar un método muy eficaz de crear buen entendimiento. Recuerdo una visita que una colega y yo hicimos a un experto en bases de datos, cuando necesitábamos descubrir cómo se almacenaba una información determinada. El experto era un técnico con una particular forma cortada de hablar: sus oraciones salían en breves ráfagas bruscas, como si estuviera disparando una ametralladora. Cada vez que le hacíamos una pregunta, la respuesta era disparada en taquigrafía tecnológica, sin explicarnos completamente lo que necesitábamos. Entonces me di cuenta de que lo que había comenzado como una entrevista entre tres personas estaba derivando en una conversación entre dos. Él dirigía su explicación más bien a mi colega que a mí, y ella estaba logrando que él respondiera a las preguntas y completara los datos que necesitábamos. Como ella lo estaba haciendo mucho mejor que yo, me relajé y dejé que fluyera la conversación. Entonces noté lo que ocurría. Ella había comenzado a "corresponder" con la manera de hablar de él (la velocidad, la brevedad de las oraciones, el volumen). Era una clase maestra sobre cómo establecer una compenetración mediante el "ajuste" de la voz, ¡y ella no se había dado cuenta de su pericia! En una sesión de formación me describieron un ejemplo similar. Una alumna que era enfermera mencionó qué impresionada había quedado por un asesor para el que había trabajado, debido a su flexibilidad para hablar con los pacientes. Durante todo un día él atendió a muchos enfermos, y la enfermera notaba que respondía a cada uno "correspondiendo" con su manera de hablar. La enfermera se dio cuenta porque estuvo allí todo el día, pero cada paciente sólo notaba que era tratado de una manera respetuosa de su individualidad.

- *Respiración*: Quizás es lo más difícil cuando por primera vez intentas "corresponder" con alguien, pero puede ser lo más poderoso. No es nueva la idea de que cuando la gente está en afinidad íntima puede también respirar junta; la palabra "conspirador" deriva del latín que significa "respirar con". Evaluar el ritmo de respiración de una persona puede ser un desafío al comienzo —mirar fijamente el pecho de una persona probablemente no resulta algo muy cortés—, pero existen formas más sutiles para intentar "corresponderse" con la respiración del otro. La velocidad con la que alguien habla es un buen indicador, y observar si sus hombros se elevan o bajan puede darnos idea de su ritmo de respiración. Dado que el estado de ánimo puede afectar la respiración de una persona, "corresponderse" con ella en este nivel es una forma muy poderosa para comprender su experiencia.

FIGURA 13
CREAR BUEN ENTENDIMIENTO "CORRESPONDIENDO" CON EL CUERPO

Cuando te dedicas a "corresponderte" con el cuerpo de alguien, no significa que, porque lo hagas deliberadamente, estés copiando o haciendo mímica. Más bien, la motivación subyacente debe ser crear comprensión y un clima de confianza. Y si se lo hace sutil y elegantemente, la otra persona no se dará cuenta de que está teniendo lugar algo deliberado.

Muchas veces, en la formación, cuando describo el principio de "corresponderse", un alumno responde: "Oh, estoy seguro de que un paciente/cliente/alumno se daría cuenta si yo hiciera eso". Entonces hacemos un ejercicio de práctica e, invariablemente, esa misma persona pasa totalmente por alto que otro alumno se ha "correspondido" deliberadamente con algún aspecto de su conducta física.

La metáfora de caminar en los zapatos del otro (o en sus mocasines) es muy útil para comprender la manera más simple y rápida de construir buen entendimiento. Literalmente, podría ser un primer paso, como en el ejemplo de tratar de mantener una conversación con alguien mientras caminas por un corredor o una calle. Lo más probable es que, si se llevan bien, al mismo tiempo que interactúan verbalmente ajusten su ritmo para caminar. Incluso la frase que acabo de usar, "llevarse bien", sugiere que de eso se trata. (Y también pasa lo opuesto: tengo una colega que siempre avanza delante de los demás manteniendo la conversación por encima de su hombro. Generalmente termino unos pasos detrás de ella, jadeando mientras intento mantener el paso y conversar a la vez. Si te ha pasado algo similar, piensa cómo te hace sentir estar tan "desparejo".)

13 Pausa para pensar

La resistencia en otra persona es una señal de falta de buen entendimiento[10]

Cuando Ricardo era director de una escuela primaria, lo llamaron una vez para ayudar con una situación en una clase. David era un niño de los más pequeños, que usaba una estrategia particular cuando no quería participar en las actividades del resto. Se arrastraba hasta la mesa o silla más cercana y resistía todo intento de atraerlo hacia afuera. Ese día, David se había arrastrado bajo un banco y, a pesar de las órdenes de dos maestras, se negaba a salir. El resto de la clase había ido al pasillo para su siguiente actividad y, como no querían tener que sacarlo mediante la fuerza física, las maestras le pidieron a Ricardo que las ayudara. Él evaluó la situación, consciente de que las dos maestras ya habían intentado todos los incentivos que pudieron imaginar, y decidió hacer el intento de algo inconcebible. Se colocó en el suelo frío de piedra, junto a David. El banco era demasiado bajo para que Ricardo entrara junto al niño, pero se colocó lo más cerca posible, "correspondiendo" con su posición corporal. Los dos se quedaron ahí, Ricardo observando a David y ajustando su respiración al mismo ritmo. Pasó un rato, Ricardo no sabía cuánto, pero una vez que sintió que se había establecido una conexión, dio otro paso: "No estoy muy cómodo aquí —le dijo a David— y me estoy enfriando. Así que me voy a levantar". Ricardo se puso de pie. Sin una palabra, David salió de abajo del banco y se puso de pie junto a él. Ricardo lo tomó de la mano y juntos caminaron tranquilamente hacia el pasillo para reunirse con el resto de la clase.

CREAR BUEN ENTENDIMIENTO
Paso 2: Corresponder al lenguaje

A medida que se desarrolle tu capacidad para percibir a los demás, reconocerás cada vez más lo diferente que es la gente. Notarás que todos tenemos rasgos únicos en la forma de usar nuestros cuerpos: los gestos habituales que hace una persona, la manera en que se sienta ante su escritorio, los elementos de la voz que siempre están allí, pero que no distinguiste antes.

Lo mismo ocurre con el lenguaje que usan las personas. Tal vez, todos hablemos el mismo idioma, pero cada uno tendrá su forma única de utilizar las palabras. Y en la elección que una persona hace de palabras y frases radica una oportunidad para crear buen entendimiento y acercarnos a su forma de pensar.

Si has adoptado el **Hábito 1**, estarás más consciente de tu propia zona de confort de pensamiento. Habrás notado si tenías una preferencia por pensar en imágenes, pensar a través de sonidos, procesar a través de sentimientos o, predominantemente, hablar contigo mismo. Al concientizarte de que tu propia forma de pensar y aprender es única, podrás reconocer que otras personas tienen distintas zonas de confort de pensamiento. Puedes desarrollar aún más tu conciencia reconociendo que todos damos pistas de nuestra propia forma de pensar en el lenguaje que usamos. Esto nos da otra oportunidad más de crear buen entendimiento (podemos armonizar los esquemas de lenguaje que notamos que usan las personas).

Visual
Si pudiera mostrarte una forma realmente genial de comunicación, que pudiera hacerte parecer más atractivo ante gente visionaria, por lo menos le echarías un vistazo, ¿no es cierto?
Los beneficios de crear buen entendimiento con la gente que prefiere los procesos visuales implican

que resultaría mucho más clara la forma en que ve
el mundo. Cuando ves cómo se perciben las cosas desde
otros puntos de vista, logras captar el cuadro completo.
Desde esta perspectiva, es más fácil ver el camino
hacia un futuro realmente brillante para todos.

Auditiva
*Si yo te contara sobre una forma de comunicarte con la
gente que realmente les haría prestar toda su atención,
por lo menos escucharías de qué se trata, ¿no es así?*
Tocar un acorde armonioso con alguien que tiene
preferencia auditiva puede sonarte fácil. "Estar afinado
con alguien" quiere decir que estás hablando su idioma.
El idioma que tú hablas puede crear una música
dulce y orquestar así a todo un grupo.

Sinestesia
*Si yo te mostrara una manera concreta de entrar en
contacto con las personas, para que así logres construir
buen entendimiento a un nivel realmente profundo
y comprender cómo perciben la realidad, por lo menos
te gustaría conocerla, ¿no es verdad?*
Cuando encuentras un terreno común con la gente,
puedes sentir que las cosas avanzan bien, se hacen nuevas conexiones y el camino hacia adelante se convierte
en un paseo en el parque.

No especificada
*Si yo tuviera que invitarte a considerar la idea
de que algunas personas procesan su comprensión
del trabajo de manera muy definida y precisa,
¿el concepto te intrigaría?*
Saber cómo piensa la gente puede ayudarte a expandir
tu percepción, y es una manera muy eficaz para
aprender las respuestas a algunas de esas preguntas
que cruzan tu mente de vez en cuando. Puede incluso

cambiar la manera de comunicarte con las personas, según el sentido que le puedas dar.

FIGURA 14
Crear buen entendimiento "correspondiendo" con el lenguaje
Fuente: Stenhouse Consulting.

Por ejemplo, una persona que piensa en imágenes probablemente use frases como "Entiendo tu punto de vista", "Me alegra que veamos las cosas de la misma manera", "No me queda claro, necesito verlo en blanco y negro". A la inversa, una persona que piensa en sonidos o escucha una voz interior puede usar frases como "Te escucho fuerte y claramente", "¿Podemos discutirlo de nuevo?", "Parece una buena idea, pero algo me dice que no va a funcionar". Y una persona que piensa en términos de percepción, probablemente use frases como "Me pesa este tema", "No alcanzo a comprender esto", "Recorramos cada tema paso a paso".

Donde la gente no parece demostrar preferencia por un patrón de pensamiento específicamente sensorial, esto puede verse en su lenguaje *no específico*; su uso de las palabras como "probar", "plan", "saber", "descubrir". Sin embargo, no te equivoques: la gente, por lo general, no toma decisiones basándose solamente en lo racional; las decisiones se toman porque para distintas personas algo luce bien, suena bien o se siente bien.

De modo que los patrones de lenguaje presentan otra oportunidad para armonizar y así crear una relación de comunicación. Los docentes altamente eficaces reconocen que la gente puede tener preferencias para pensar, ya sea como un proceso visual, auditivo o sinestésico, y pueden ajustar su enfoque de enseñanza para dar cabida a distintos estilos de aprendizaje. También pueden llevar las cosas un paso más allá. Los docentes notan los patrones de lenguaje que usan las personas como pistas para sus procesos de pensamiento. Siendo flexibles en su propio idioma y correspondiendo su lenguaje con el de los demás, crean compenetración y aumentan las capacidades comunicativas.

14 Pausa para pensar

Corresponderse; salir de tu zona de confort

Como ocurre con cualquier nuevo comportamiento, cuando al principio tratas de corresponderte con alguien, puedes tener una sensación de incomodidad y falta de naturalidad; después de todo, estás saliendo de tu zona de confort habitual. A veces, la necesidad de adaptar tu propio comportamiento se ve sustituida cuando encuentras una nueva situación con gente desconocida. Uno de los módulos universitarios que enseño requiere que los alumnos pasen tiempo en las escuelas para desarrollar sus capacidades personales en un ambiente profesional. Entre los comentarios más frecuentes de los estudiantes se encuentra que les resultaba prácticamente un shock cultural tener que adaptar su comportamiento normal para relacionarse con niños pequeños. Ellos reconocen la necesidad de rebajarse a su nivel, físicamente más que en sentido figurado, y ajustar su lenguaje y tono de voz. Para algunos, es un esfuerzo muy grande y necesitan mucha práctica. A nuestra hija Raquel le pasó lo mismo cuando pasó de enseñar a una clase de sexto año (muchachos robustos tan altos como ella) a un nuevo puesto de profesora de música en una escuela primaria. Nunca le había atraído la enseñanza a los pequeños y no se sentía segura de cómo iba a enfrentar el cambio. Sin embargo, un día, tras una conversación telefónica, se le ocurrió un pensamiento lleno de alegría: "¡Oh, y por cierto, mamá, *finalmente* tengo la voz para los niños!".

El verdadero punto de estos ejemplos no es lo bien que se adaptaron, sino que fueron conscientes de que, en una situación nueva, con gente muy distinta de ellos, necesitaban ajustarse a su propio comportamiento. En ambos casos, las otras personas eran niños, pero el principio se aplica cada vez que encontramos gente nueva: se destaca más cuando las otras personas son muy diferentes de nosotros mismos.

Crear buen entendimiento
Paso 3: Caminar y conducir

Para crear una relación de comunicación, se necesita ser sistemático y sostenido en relaciones laborales productivas cotidianas con tus alumnos y colegas. Igual que el refrán nativo americano no sugiere que, realmente, nos metamos en los mocasines de otra persona, sino más bien que necesitamos recorrer su camino en pos de un mejor resultado, "corresponderse" con para crear buen entendimiento debe ser un proceso que ocurra habitualmente. De esta manera, estarás caminando con el otro, junto al otro en su experiencia continua.

Las relaciones laborales cotidianas se beneficiarán si has creado un buen entendimiento, pero realmente se obtienen frutos cuando te encuentras con una situación donde necesitas influir en otra persona; como Ricardo en Pausa para pensar 13 o Raquel en Pausa para pensar 15, tal vez necesites influir en otra persona para que te siga. Algunos maestros que alcanzan puestos de dirección piensan que su estatus por sí solo les garantizará que la gente acepte su liderazgo. Pronto descubren que, sin buen entendimiento, la respuesta del personal puede ser de desacuerdo, disensión y falta de afecto. Cuando Rosa recibió una promoción a directora de departamento en su escuela secundaria, dejó en el camino a otros miembros del personal. Consciente del potencial que había allí para resistir su nombramiento, usó muy bien el período de verano previo a la asunción de su cargo. Aprovechó todas las oportunidades para conversar con los otros miembros del personal, preguntándoles por su papel, invitándolos a hacer comentarios sobre el funcionamiento del departamento y averiguando lo que les agradaba y lo que no. Se esforzó particularmente con un miembro del personal que ella sabía que se había presentado para el puesto, y de parte de quien sintió una resistencia inicial. Supo que había acertado cuando, un día, él la detuvo en el pasillo muy emocionado: "Rosa, se me acaba de ocurrir una idea que quiero que tomes en cuenta. ¿Qué te parece si...?". La inversión de Rosa para crear buen entendimiento había dado sus frutos incluso antes de que ella ocupara su puesto.

El éxito de caminar y conducir depende de la calidad del buen entendimiento que has creado. Si el nivel de compenetración es suficiente, la persona con la que trabajas te seguirá, tanto en tu lenguaje corporal, tu lenguaje verbal como en tu punto de vista.
El resultado más satisfactorio para cualquier relación laboral se da cuando se toman las decisiones por acuerdo mutuo. Si lo que quieres es alcanzar un acuerdo mutuo en cualquier situación, corresponderse y caminar resulta esencial. El acuerdo será mutuo, porque se habrán alcanzado dos cosas:

- comprenderás mejor el pensamiento y las emociones de la otra persona, porque te corresponderás con ella y caminarás su experiencia, y
- la otra persona será capaz de ver y valorar que tú entiendes su posición.

"Corresponderse con y caminar" son también herramientas poderosas si otra persona se encuentra en un estado de tensión emocional. Son eficaces porque te permiten demostrar que comprendes la experiencia del otro y, una vez que aprecia tu comprensión, podrás conducirlo a un estado de mayor calma. Si han levantado la voz, tienen gestos fuertes y miran fijamente, puedes "corresponder" con todo eso. Lo que no vas a igualar es la emoción en sí; más bien le demostrarás tu empatía con sus sentimientos. Una vez que lograste establecer una conexión, entonces puedes cambiar su comportamiento —bajar tu voz, relajar tu cuerpo y respiración— para demostrar un estado más calmado. Así es más probable que sigan tu ejemplo, porque antes demostraste que comprendes su situación. A esta altura tal vez pienses que te han educado para creer que la forma para enfrentar la ira o la emoción fuerte es exactamente la contraria. ¿No es mejor mantenerse en calma, hablar con una voz tranquilizadora, apaciguar a la otra persona? Piénsalo. ¿Alguna vez has estado furioso o muy nervioso por algo y, cuando intentaste decírselo a alguien, se quedó impasible y tranquilo, con una actitud que denotaba: "Bueno, bueno, no te preocupes"? ¿Cómo te hizo sentir? Mi esposo solía hacer eso todo el tiempo, y a mí me enfurecía totalmente. Me enojaba cada vez más por culpa de la frustración que me producía intentar una respuesta de su parte que me demostrara su comprensión de cómo me sentía yo. No, si quieres conducir a alguien a un estado distinto, para calmarlo, motivarlo o ayudarlo a tomar una decisión positiva, el mejor lugar para comenzar es donde esa persona está. "Corresponder" y conducir te ayudará a entender su posición, porque estarás caminando en sus zapatos, metiéndote en su piel, apreciando su mapa mental. De esa forma puedes ganar su confianza para ejercer una influencia positiva.

 Pausa para pensar

Incrementa la flexibilidad de tu comunicación, y la resistencia desaparece[11]

Raquel necesitó algunos años para superar su nerviosismo inicial y avanzar hasta convertirse en una docente profesional y confiada. Como era una maestra recientemente recibida en una pequeña escuela primaria, dudaba de su capacidad para mantener una conducta profesional, en particular frente a los padres. En la práctica descubrió que la mayoría de ellos eran amables, la apoyaban y estaban interesados en el bienestar de sus hijos; excepto uno.
Se trataba de una madre particularmente agresiva, que había tenido peleas con la directora y la trabajadora social, y que en general llegaba a la puerta del salón de clases con alguna queja o exigencia sobre su hija, una niña problemática llamada Luisa. Raquel confesó que, en una ocasión, al ver que la madre se acercaba, se escondió en el armario, incapaz de enfrentar otra diatriba agresiva. Sin embargo, con el paso del año, Raquel comenzó a preocuparse cada vez más por Luisa, y a medida que se acercaba la reunión de padres, se dio cuenta de que debía sacar

el tema del bienestar de la niña con la madre. Luisa sufría de sobrepeso, era la única niña de su clase sin uniforme escolar y la higiene de su ropa (y su cuerpo) frecuentemente dejaba que desear, lo que provocaba burlas de sus compañeros. Poco a poco, Luisa se había aislado, y se quedaba sola en el patio de juegos; tiempo atrás, sentada en su banco, había puesto su cabeza sobre los brazos y había comenzado a sollozar desesperadamente. Ya la directora y la trabajadora social habían hablado con la madre antes, sin que se notara ningún efecto en la infeliz condición de Luisa. Pero las cosas parecían estar cada vez peor y la niña se mostraba cada vez más incapaz de realizar progresos. "Mamá, tengo que hacer algo con esta situación —me suplicó por teléfono—. ¿Cómo puedo lograr que la madre de Luisa se dé cuenta de lo infeliz que es su hija?" Así que hablamos de cuál podría ser el enfoque: construir buen entendimiento era esencial; también era importante corresponderse con la preocupación de la madre por el bienestar de Luisa, y luego avanzar hacia la forma en que podían trabajar juntas para mejorar la situación de la niña (corresponderse – caminar – conducir).

Pocos días después, Raquel volvió a llamarme, y esta vez estaba ansiosa de informarme cómo habían salido las cosas. Cuando la entrevista concluyó, la madre de Luisa comentó que le había resultado agradable hablar con Raquel, que había sentido que se habían comprendido y podían llevarse bien. Destacó que todo lo contrario había sucedido en las entrevistas que tuvo previamente con la directora. Y, lo más importante, al día siguiente, Luisa llegó a la escuela vestida con un uniforme limpio, el cabello lavado y su apariencia, muy cuidada.

En términos prácticos, la madre de Luisa tuvo un problema con la lavadora y se vio obligada a limitar su uso del lavadero automático por falta de dinero. Durante la entrevista con Raquel, accedió a averiguar con la trabajadora social si había alguna ayuda financiera disponible para su situación.

No obstante, desde mi punto de vista, lo más interesante fue el hecho de que dos profesionales experimentadas (una directora y una trabajadora social) no habían podido abrir líneas de comunicación con otra adulta para mejorar la condición de una niña infeliz. Sin embargo, una mujer joven, que daba sus primeros pasos en esta profesión, podía encontrar una base común para negociar y generar cambios positivos en la vida de la niña, posiblemente con efectos profundos y duraderos.

Conclusión

Los docentes altamente eficaces comprenden que las relaciones interpersonales exitosas son vitales y que crear buen entendimiento es la base de estas relaciones. No sólo es un prerrequisito de la buena comunicación: es la forma esencial de apuntalamiento constante en un rol profesional. No se puede pretender tener influencia, generar cambio y potenciarte a ti mismo y a los demás, si descuidas el buen entendimiento, que es el ladrillo para construir relaciones. Es posible llevar a la conciencia el proceso de creación de buen entendimiento, sin distraerse del contenido de la comunicación.

Crear esa compenetración puede necesitar práctica, y algunas relaciones tal vez resulten un desafío más grande que otras, pero se agrega un elemento fascinante a los vínculos personales cuando se formula la pregunta: "¿Qué puedo hacer para crear buen entendimiento con esta persona?".

Los docentes altamente eficaces reconocen el valor de establecer las relaciones sobre la base del buen entendimiento, en lugar de adoptar un enfoque manipulador, autoritario o dominante, ya que ninguno de ellos generará un empoderamiento profesional. El buen entendimiento, por sí mismo, puede influir en las relaciones e incluso más: la creación de buen entendimiento establece una base desde la cual se pueden practicar las conductas que influyen en los siguientes hábitos.

> **Reflexión: Buen entendimiento creativo: La práctica es esencial**
>
> Hablando de manera general, nuestro foco al comunicarnos con otras personas está puesto en el *contenido* de la comunicación, en lugar de estarlo en el *proceso*. No somos completamente ciegos a todo lo que ocurre en cuanto a comunicación de lenguaje corporal; pasa simplemente que, por lo general, percibimos este aspecto como algo inconsciente, en vez de hacerlo en un nivel consciente. Convertir lo inconsciente en consciente puede resultar un gran desafío al comienzo.
>
> Podrías empezar pautándote como una tarea diaria notar algún aspecto de la conducta de otras personas. Un día puedes decidir que notarás las distintas maneras que tiene la gente de usar las manos cuando habla; otro día, distinguirás cómo se sienta o permanece de pie; otro día, te fijarás en sus expresiones faciales. Comienza con poco cuando decidas *"corresponder con"*. Elige una situación en la que sostengas una conversación con alguien, así podrás observar el efecto. Escoge sólo un aspecto del lenguaje corporal de la otra persona para *corresponder*. Más tarde, considera cómo fue la conversación.
>
> Antes de avanzar con el lenguaje, piensa primero en tu propia habla. Presta atención a cómo usas las palabras, reflexiona sobre tus propias preferencias de pensamiento. Luego intenta distinguir las palabras y frases que utilizan otras personas: ¿son similares a las tuyas o sugieren diferentes procesos de pensamiento?

5

Una vez que corresponder con el lenguaje corporal o el habla de tus colegas sea para ti un hábito cotidiano, comenzarás a notar otras cosas. Puedes descubrir que comprendes mejor el punto de vista de la otra persona. Al observar agudamente la conducta, es menos probable que pretendas leer la mente y así crear tu propia versión de lo que el otro está diciendo. Te encontrarás pensando en lo interesante que es descubrir el detalle de cómo se comporta y habla la gente, peculiaridades que quizá nunca percibiste antes.

Notas

1 Senge, 1990, p. 367.
2 Knight, 1995, p. 123.
3 Gladwell, 2000, p. 83.
4 Laborde, 1998, p. 196.
5 Blander y Grinder, 1975, p. 14.
6 Aronson, 1972, p. 120.
7 *Ibid.*, p. 16.
8 Ver Gladwell, 2000, p. 202, donde cita la obra de Gordon Allport.
9 Knight, 1995, p. 122.
10 Ver Apéndice I.
11 *Ibid.*

6

HÁBITO 6

Escucha atenta

Gente hablando sin decir nada
Gente oyendo sin escuchar.[1]

6

Muchos psicólogos eminentes han afirmado que la escucha ineficaz es la gran barrera que impide la comunicación eficaz.[2] Según mi experiencia, la escucha idónea ha sido subestimada en la profesión docente. Quizá las cosas han cambiado, ya que los maestros se han vuelto más confiados para manejar una discusión en la clase, pero es probable que todavía "la tiza y el discurso" siga siendo el método de enseñanza más establecido, con el importante elemento de "el profesor pregunta, el alumno responde, lo que cuenta como respuesta lo deciden los profesores".[3]
Ciertamente, sigue afirmándose que la mayoría abrumadora del lenguaje en la clase proviene del profesor más que de los alumnos.[4] Pero como el paradigma está pasando de poner el foco sobre la enseñanza didáctica a ponerlo en desarrollar el aprendizaje, la capacidad de demostrar una escucha idónea se ha vuelto muy importante. Se ha descubierto que la capacidad de escuchar —además de ser importante para la interacción social de los profesores— es un elemento vital en el aprendizaje del alumno. En un proyecto que usaba una gama de tareas cooperativas para ayudar a los alumnos a promover sus capacidades de dar información e instrucción, se produjo un hallazgo interesante: los niños que primero desempeñaban el rol de *escuchar* resultaron mucho más elocuentes cuando les llegó el turno de desempeñar el rol de *hablar*, que aquellos que habían hablado primero. La conclusión fue que, dado que el

niño tuvo que actuar a partir de lo que le dijeron, la *escucha* resultó un vehículo mucho más poderoso para aprender cómo *hablar* informativamente, que la experiencia exclusiva del habla.[5]

Por desgracia, muchos de nosotros no somos buenos modelos de una escucha idónea. No solamente por el predominio del discurso del docente en la clase, sino porque, en nuestras vidas, desarrollamos hábitos de escucha inadecuados y nos volvemos expertos en el arte de no escuchar, cuando parece que sí lo hacemos, manteniendo una expresión de interés cuando todo el tiempo, probablemente, estemos pensando en otra cosa.[6]

La escucha verdadera es un proceso más *activo* que *pasivo*. Es necesario ir más allá de simplemente oír las palabras, para distinguir los indicadores no verbales de sentido tácito. Al igual que el buen entendimiento puede resultar una influencia para establecer buenas relaciones, la escucha idónea puede ayudar a que la comunicación fluya. Más aún, contribuye notablemente a la autoestima de la gente con la que estamos trabajando.

 Pausa para pensar

El punto de partida para una escucha atenta

Un punto de partida para desarrollar la escucha idónea es erradicar los hábitos que interfieren con tu receptividad. Notarás cosas de otras personas que sugieren que te están oyendo, más que escuchándote. Algunos serán completamente descarados, ¡como esa persona de tu familia que se aleja para ocuparse de algo en la cocina mientras afirma que sigue escuchando! También sabrás cómo se siente estar en el puesto del receptor de una conducta de escucha deficiente. Cuanto menos, te resultará desagradable y sentirás que no quieres compartir nada significativo con esa persona. Uno de los ejercicios más notablemente eficaces que hago en la formación es pedirle a un alumno que hable durante

dos minutos sobre un tema que le resulte muy querido, algo sobre lo que tiene sentimientos fuertes. Luego, en secreto, le doy instrucciones a un compañero para que escuche atentamente durante un rato antes de hacer algo que envíe el mensaje de que no le está prestando atención (como desviar la mirada, interrumpir, darse vuelta, mirar el reloj). El ejercicio generalmente finaliza con risas, pero tiene un propósito muy serio. Y se da un resultado sistemático: se rompe el flujo del discurso y el alumno que estaba hablando se esfuerza por continuar con el hilo de lo que estaba diciendo.
No obstante, lo que resulta *realmente* interesante de este ejercicio es el momento en que los oradores dan su informe sobre cómo se sintieron cuando su compañero dejó de escucharlos. Éstos son algunos de los comentarios que recibí en una sesión reciente:

- Quedé atónito.
- Sentí que lo que yo estaba diciendo no era importante.
- Me enojé.
- Fue como una bofetada en pleno rostro.
- Sentí que yo no valía nada.
- Me puse furioso.

Es asombroso que estas reacciones fueran experimentadas en el entorno artificial de la formación: no era, después de todo, una situación de la vida real. Sin embargo, estas fuertes emociones surgieron de manera genuina. Y lo que es más asombroso: *todo lo que la otra persona hizo fue dejar de escuchar*.
Vuelve a leer la lista. ¿Realmente quieres activar estas emociones en otra gente? ¿Particularmente si hay personas que desde antes se pueden sentirse vulnerables o despojadas de su poder?
Es mucho mejor prepararte para desarrollar una escucha idónea erradicando todas esas distracciones sutiles,

que pueden estar enviando mensajes de "no te escucho". Sé consciente de las señales que pueden estar creando una distancia entre tú y otra persona: agitarte en tu asiento, jugar con lapiceras, no hacer contacto visual, interrumpir. Apaga tu conversación interna y vuelve toda tu atención hacia la otra persona. Conviértete en una tela vacía lista para aplicar las capas de las habilidades de la escucha atenta.

Escuchar: Más activo que pasivo

La mayor parte de la interacción social involucra a una persona que escucha a otra, mientras, al mismo tiempo, ensaya mentalmente lo que va a decir, ¡y luego lo dice a la primera oportunidad que se le presenta!

El **Hábito 6** es ser capaz de dirigir toda tu atención a otra persona, adoptando una escucha más concentrada y atenta. Es tomar una postura abierta y relajada que indique que eres receptivo y estás prestando atención. No es extraño que, cuando la gente intenta escuchar activamente por primera vez, encuentre muy fatigoso todo el proceso. Exige un esfuerzo para pasar de la preocupación interna con tus propios pensamientos y de lo que vas a decir a continuación, a focalizar lo que estás viendo, oyendo y percibiendo, mientras, al mismo tiempo, revisas que estés enviando un mensaje adecuado a través de tu propio lenguaje corporal. En la formación, la práctica de escuchar sin hablar durante un breve momento de unos dos minutos puede resultar un largo rato para los estudiantes.

Tal vez te preguntes por qué incluí ver y percibir en la descripción del proceso de escucha activa. ¿Acaso la escucha no tiene que ver principalmente con oír? Sin embargo, esto no es raro, si se consideran los elementos de la comunicación eficaz. Todo en una persona comunica un significado a otra persona. Hay psicólogos que han evaluado los elementos de la comunicación eficaz como:

- 55% postura, gestos y contacto visual.
- 38% tono de voz e inflexión.
- 7% contenido.[7]

De modo que, si el 93% de la comunicación se transmite por medio de elementos no verbales, nos estamos perdiendo mucho cuando no utilizamos activamente todo el alcance de nuestros sentidos para escuchar. Después de todo, tenemos dos ojos y dos oídos, y sólo una boca, y ésa es la proporción que debemos usar para una escucha activa.

Si desarrollaste el **Hábito 2**, te habrás vuelto más consciente de la sutileza de los mensajes no verbales de otras personas. Al desarrollar tu agudeza sensorial, habrás notado cuántas cosas más hay para distinguir sobre el comportamiento externo de otras personas y cómo éste cambia de minuto a minuto. Habrás aprendido a no hacer presunciones basadas en tu propia interpretación de indicadores no verbales.

Cuando desarrollaste el **Hábito 5**, habrás sido capaz de reconocer los patrones individuales de lenguaje que usa la gente como indicadores de los procesos de pensamiento. Te habrás sintonizado más con las claves que indican si la persona piensa en imágenes, si piensa a través de sonidos, si procesa a través de sentimientos o habla mentalmente consigo misma.

Al adoptar el **Hábito 6**, serás capaz de construir ambas capacidades y desarrollar una actitud de escucha realmente atenta. Una disposición que te permita estar alerta frente a los mensajes tácitos de otras personas. Una actitud que, al ayudarte a ser más comprensivo de los puntos de vista de los demás, mejorará tu comunicación de manera general. Más aún, como demuestra la Pausa para pensar 17, la escucha puede ser una herramienta para el empoderamiento.

Pausa para pensar

Escucha en acción

Siempre he experimentado los viajes en transporte público como un beneficio. Los observo como una ganancia, un momento del día en el que puedo elegir leer, escribir notas o simplemente reflexionar sobre un tema. Generalmente viajaba en autobús a una escuela en la que trabajé hace tiempo. Me gustaba levantarme temprano, así que el autobús estaba prácticamente vacío, excepto una mañana en la que fue conmigo una colega de la escuela. Se subió en una de las paradas habituales y, al verme, se sentó frente a mí. Al principio, sentí un poco de pesadez. Era lunes por la mañana, me sentía un poco perezosa y aprovechaba el viaje para iniciar el funcionamiento de mi cerebro. Había estado pensando en una lección que debía dar esa mañana; era una clase que no había dado antes, así que estaba ensayando mentalmente cómo lo haría. Sin embargo, mi colega parecía un poco preocupada, así que apagué el pensamiento sobre mis propios problemas, concentré mi atención en ella y pasé al modo de escucha. Ella viajaba en el autobús porque su auto estaba averiado. No estaba acostumbrada a que le faltara su auto. Le resultaba irritante porque se había involucrado en un accidente que no fue su culpa, y la otra persona no tenía seguro, así que ella iba a perder su "prima de no reclamo". Y en el taller mecánico no habían sido muy amables: ella estaba segura de que la estaban estafando. Su marido no se había mostrado muy comprensivo: ¡cualquiera diría que la culpa del accidente había sido de ella!
Incluso si se hubiera producido una brecha en este relato de desgracias, yo no tenía la energía de hacer ninguna contribución verbal. Sin embargo, afortunadamente, mis capacidades de escucha se habían vuelto una segunda naturaleza y, en piloto automático, asentí y contribuí con el "Qué cosa... qué cosa". Y demostré mi preocupación

por su difícil situación con expresiones faciales. Descendimos del autobús y caminamos por el jardín. Cuando llegamos al punto en el que debíamos separarnos para dirigirnos a diferentes sectores, ella se volvió a mí y tocó mi brazo. "Me siento mucho mejor después de haber hablado contigo", me dijo. Y sonrió por primera vez en toda la mañana.
Yo sonreí irónicamente para mis adentros mientras iba a mi clase, y pensé que había perdido mi propio tiempo para pensar. Por otro lado, mi colega comenzaba su día en mejor forma mental. Y todo lo que yo había hecho era escucharla...

Escuchar es ver

La investigación que relaciona el 93% de la comunicación eficaz con factores del lenguaje corporal no debería resultarnos una sorpresa. Después de todo, existen más canales de comunicación que el verbal. Intuitivamente habrás podido reconocer los sentimientos de una persona a partir de su porte físico, sus expresiones faciales o su voz, incluso si las palabras que usa pueden dar un mensaje completamente distinto. Hasta los alumnos pueden "calar" a un maestro y reconocer a quién le pueden dar guerra, o con cuál deben comportarse bien, a veces incluso antes de que el profesor diga algo.

Y en cierto momento, es probable que hayas tenido la experiencia de pensar de otra persona: "Bueno, dijo eso, pero de alguna forma no creo que realmente lo piense".

Después de todo, el lenguaje corporal fue el primer lenguaje que aprendimos; antes de adquirir el lenguaje verbal podíamos comprender el significado general de lo que alguien nos decía. Cuando digo "hola" a mi nieto pequeño, él me sonríe. Cuando le hablo, él gorjea y tenemos una "conversación". Él responde correctamente a mi significado, pero pasarán algunos años antes de que pueda comprender las palabras que le digo.

Posteriormente, cuando tenemos dudas sobre lo que en realidad nos está diciendo la gente, tendemos a volver a nuestro primer canal para comprender a los demás, a menos que nos hayamos sumergido tanto en nuestros propios pensamientos y opiniones, o nos hayamos vuelto tan "racionales" en nuestro pensamiento, que sólo "escuchemos" las palabras que alguien nos dice. Entonces nos hemos vuelto ciegos a la miríada de indicadores que hay en las expresiones faciales de la gente, el tono de voz e, incluso, la forma en que se sientan o se ponen de pie.

De modo que una escucha eficaz significa revisar tanto lo que podemos ver como lo que podemos oír; significa notar cuándo hay un desajuste entre los mensajes que recibimos de parte de distintos canales de comunicación. Cuando el lenguaje corporal de alguien no se corresponde con lo que dice, lo percibimos como "incongruente". Y esto provoca que nos cuestionemos su verdadero significado. Hay una pista incluso más esencial que puede ofrecernos nuestro sentido de la vista. Si el propósito principal de la escucha atenta es obtener un sentido adecuado de lo que alguien quiere decir, el segundo propósito será identificar las oportunidades para construir buen entendimiento. Recordarás que el **Hábito 1** implicaba acostumbrarse a la idea de que todos tenemos formas únicas de pensar: algunas personas prefieren el pensamiento en imágenes, otras eligen pensar con sonidos, otros procesan a través de percepciones, y otros más que nada hablan consigo mismos. Así, el **Hábito 5** incluía aprender a reconocer estas zonas de confort del pensamiento en el lenguaje que la gente usa para poder "corresponder" con los patrones de lenguaje y así crear buen entendimiento.

Agregando a esto el **Hábito 6**, podemos ahora sumar una pista adicional que nos ayude a reconocer cómo pueden estar pensando otras personas. Parece que, cuando la gente habla, la dirección en la que se mueven sus ojos nos indica sus zonas de confort de pensamiento (ver FIGURA 15). Estas "indicaciones de acceso visuales" parecen aplicarse a cerca del 90% de las personas, y son una de las pistas externas más obvias de cómo alguien está pensando. Una palabra de advertencia: no se puede suponer que todos seguirán estos patrones, y cada uno debe ser tratado como individuo. Por ejemplo, algunas personas zurdas mostrarán patrones contrarios, y unos pocos individuos pueden tener una organización completamente distinta.

Sin embargo, los movimientos de ojos pueden resultar pistas útiles de los procesos de pensamiento de alguien y, en ocasiones, pueden ser un indicador muy claro. Recuerdo que, poco tiempo después de aprender esto, tuve un ejemplo muy dramático de las indicaciones de acceso visuales en acción. Yo me encontraba trabajando en la corte de un magistrado y, durante el curso de un caso, un testigo era interrogado por el fiscal. Dígame, señor Jones —preguntó el fiscal—, ¿a qué distancia del defendido estaba en el momento del supuesto incidente? A ver... —y en el mismo instante sus ojos se dirigieron a la izquierda, mientras indagaba en su memoria. (Ver FIGURA 15.)

Construcción visual
Ver imágenes de cosas nunca antes vistas o ver cosas diferentes.

Recuerdo visual
Recordar imágenes o cosas vistas anteriormente.

Construcción auditiva
Oír sonidos nunca antes percibidos.

Recuerdo auditivo
Recordar sonidos oídos anteriormente.

Sinestesia
Experimentar emociones o sensaciones físicas.

Digital auditivo
Hablar con uno mismo

Mirar directamente delante de manera desenfocada indica, generalmente, un procesamiento visual o una combinación de procesos.

FIGURA 15
Recuerdo visual
Fuente: Dilts et al., 1980.

La coordinación del lenguaje y las señales visuales de acceso no siempre son tan evidentes como en este ejemplo. Como ocurre con todas las cosas que has encontrado en este libro hasta ahora, tal vez necesites practicar para expandir tu atención y así notar los patrones de lenguaje y movimientos oculares, además de escuchar el contenido de la conversación. Pero una vez que te vuelvas más consciente, te sorprenderá cuánta más información adicional tienes a tu disposición.

Es muy divertido intentar esto con amigos para practicar detectando movimientos de ojos. Cuéntales que quieres que piensen la respuesta a una pregunta, pero que no digan nada. Luego pregúntales diferentes cosas y fíjate lo que hacen sus ojos mientras piensan la respuesta. Aquí tienes algunos ejemplos de interrogaciones que puedes usar:

- ¿De qué color es tu puerta de entrada?
(Recuerdo visual.)
- ¿Cómo se vería un elefante azul con manchas azules?
(Construcción visual.)
- ¿Cómo suena tu teléfono?
(Recuerdo auditivo.)
- ¿Cómo sonaría mi voz acelerada?
(Construcción auditiva.)
- ¿Cuánto es 366 dividido 6?
(Auditivo digital.)
- ¿Cuál es la sensación de meterse en un baño caliente?
(Sinestésico.)

Escuchar es oír

Solía ser una broma establecida en mi familia que mi madre tenía la costumbre de hablar como si todos tuvieran que saber lo que pasaba por su mente. Por ejemplo, ella podía decir repentinamente: "Bueno, se lo dije, no me parecía que tuviera razón".
"Perdón, ¿de quién estás hablando? ¿A quién le dijiste eso? ¿En qué te pareció que no tenía razón?" No servía de nada: ella decía lo que se le ocurría y quienes estaban presentes tenían que hacerse cargo de rastrear lo que quería decir.
Hasta cierto punto, nosotros hacemos algo similar. En conversaciones con gente que conocemos bien, tendemos a hablar en una suerte de taquigrafía. No necesitamos ser completamente explícitos en lo que decimos; no tenemos que llenar todos los espacios porque poseemos un conocimiento "en común" entre los dos.
De modo que tal vez escuches una conversación en la sala de profesores que sea parecida a esto:

—¿Mala mañana?
—¡Sí! Los culpables de siempre. Los cambié otra vez. Ayudó algo, pero fue difícil hacer este tema de matemática. ¿Y tú?
—No tan mal. Ahí. Pero tendremos que estar adentro por la lluvia. Será una muerte esta tarde.

Si el último hablante fuera realmente explícito y expresara todo lo que quiere decir, sus palabras serían más o menos las siguientes:

> *Esta mañana ha ido muy bien. En general mi clase está haciendo progresos notables y siento que estamos en sintonía para lograr las metas establecidas. Lo malo es que hoy llueve y eso significa que los niños no podrán jugar afuera durante la pausa del almuerzo. Así que no podrán correr y librarse del exceso de energía. Por lo tanto, lo más probable es que estén muy activos por la tarde y yo tenga algunos problemas para lograr su atención durante la lección.*

Por supuesto, tanto detalle es superfluo e innecesario, porque cuando hay una comprensión común entre la gente, los pormenores son tácitos. Por el contrario, en otros momentos existirá la necesidad de llenar los huecos. Nuestra escucha atenta puede significar que captamos lo que no se dice. En ese caso resulta fácil rellenar los huecos con tu propia versión de lo que se quiso decir. Pero si realmente quieres establecer una buena comunicación, debes revisar la exactitud de lo que comprendiste.

Una forma de comprobar lo comprendido con respecto a lo que otra persona quiso decir es hacer preguntas. Con esto no quiero decir que debas convertirte en un inquisidor y revisar todo lo que diga una persona. Algunas interrogaciones sensibles, pero específicas, pueden lograr varias cosas: demostrarán que estás escuchando porque las preguntas provienen de lo que la persona está diciendo y no de tu propio punto de vista. Como tus interrogaciones muestran que estás escuchando, ayudarán a desarrollar el buen entendimiento. Y debido a que son específicas, lograrás una comprensión adecuada de lo que la otra persona quiere decir, lo que te ayudará a desarrollar una buena comunicación.

Las preguntas de primer nivel tienen que ver con que las interrogaciones abiertas son mejores que las cerradas. Una pregunta cerrada es aquella en la que la respuesta sólo puede ser "sí" o "no", a menos que la persona elija contarte más. De modo que como la pregunta "¿Tuviste una mala mañana?" es una pregunta cerrada, podría resultar en "sí" o "no", y ése podría ser el final de la conversación.

Sin embargo, las preguntas cerradas siempre pueden volverse preguntas abiertas. Así, preguntar "¿Cómo fue tu mañana?" significa que la persona tendrá que responder con más que un "sí" o un "no". Por lo tanto, es un buen hábito usar preguntas abiertas, y el truco es recordar cómo formularlas. Es muy simple: si comienzas una pregunta con qué, por qué, cuándo, cómo, dónde o quién, será una pregunta abierta y la persona tendrá que responder con más que un "sí" o un "no".

Las palabras de Rudyard Kipling pueden actuar como recordatorios, aunque las frases suenen un poco anticuadas:

*Seis honrados servidores
me enseñaron cuanto sé;
sus nombres son cómo, cuándo, dónde,
qué, quién y por qué.*[8]

De todas formas, una advertencia: es preciso tener cuidado con el uso del "¿por qué?", debido a que, a menos que se lo use con sensibilidad, puede sonar más bien cuestionador; por ejemplo, "¿por qué hiciste eso?". Es fácil que el "por qué" se convierta en una forma favorita de pregunta, de modo que es preciso tener cuidado para no caer en esa trampa. Una pregunta de "por qué" siempre puede reformularse utilizando una de las otras opciones; por ejemplo:

- ¿Qué ocurrió que te hizo hacer lo que hiciste?
- ¿Cómo llegaste a hacer lo que hiciste?

Las interrogaciones abiertas alientan a la gente a hablar de modo general; *las preguntas de segundo nivel* son de precisión, y pueden estar dirigidas a resultados específicos. En primer lugar, hay preguntas que apuntan a llenar los huecos para identificar lo que no se está diciendo, como, por ejemplo:

- ¿Qué fue específicamente...?
(¿Qué fue específicamente lo que resultó mal esta mañana?)
- ¿Cómo exactamente...?
(¿Cómo exactamente fue mala esta mañana?)

En segundo lugar, hay preguntas que pueden usarse como herramientas activas para contrarrestar actitudes negativas. La negatividad puede resultar penetrante e infecciosa. Se necesita solamente una persona con actitud negativa en la sala de profesores para que descienda al subsuelo el espíritu de todo el mundo. En estos casos, es útil tener una forma de interrogación que ayude a reformular la actitud negativa de esa persona. Cuando te encuentras con frases como "No pude hacer eso", "No puedo", "No seré capaz de", "No debería", podrías probar con:

¿Qué pasaría si sí lo hicieras?

Para poder responder esa pregunta, la persona debe cambiar mentalmente de pensamiento y plantearse lo que pasaría si hiciera lo que piensa que no puede o no debe hacer. La pregunta demuestra que estás escuchando y va más allá: puede, además, desbloquear el pensamiento atascado. Por supuesto, existe la posibilidad de que la respuesta que recibas sea: "Oh, no cambiaría nada". Pero no subestimes el poder de plantar una semilla que puede germinar y florecer en una actitud más positiva en el futuro. Es posible que el mundo no se venga abajo si realiza la acción que actualmente no logra considerar, y tu pregunta puede hacerla darse cuenta de eso. También existe una pregunta que puede ser realmente útil para responder a una expresión de baja autoestima en relación con los logros. Expresiones como la que frecuentemente encuentro en estudiantes:

—Nunca he sido bueno para los exámenes.

A lo que una respuesta provechosa sería:
—¿Nunca? ¿Nunca nunca?

Entonces, es posible que la conversación continúe así:
—Bueno, una vez me fue bien en un examen de la escuela.
—¡Ah! Y, ¿cómo pasó eso exactamente?
—A mí me interesaba mucho esa materia.
—¿Y específicamente qué hiciste tú?
—Me esforcé mucho y obtuve una buena calificación.

Utilizando de esta forma las preguntas de precisión podemos ayudar a una persona a salir de la línea negativa de pensamiento y ayudarla a identificar los factores que le permiten lograr el éxito. La ayuda a salir de la línea de pensamiento: "Nunca fui bueno para los exámenes", y avanzar a donde pueda aceptar que fue buena en un examen cuando se interesó en la materia y se esforzó mucho.

Por supuesto, para eso primero debes escuchar y ser consciente de la expresión de negatividad. La Pausa para pensar 17 te muestra una forma de tener las respuestas fácilmente listas. Lo más importante es estar alerta a los "no puedo", "no debo", y "no seré capaz de", y verlos como banderas rojas que indican cómo el proceso de pensamiento de una persona puede limitar su comportamiento en formas que quizá no sean legítimas.[9]

 Pausa para pensar

Usar tu memoria corporal

Las preguntas de precisión son tan eficaces, que es importante tenerlas listas para usarlas cuando sea necesario. Usar tu "memoria corporal", además de tu memoria cognitiva, te garantiza doble certeza de que las preguntas se convertirán en una segunda naturaleza.

¿Qué es la "memoria corporal"? Recuerda el ejemplo del tipeo en el **Hábito 2** (p. 63). La práctica extendida y el *feedback* (en cuanto a cómo hacerlo bien) significan que mis dedos pueden tipear, pero yo no puedo decir el orden de las teclas en el teclado. Es lo mismo que ocurre con cualquier habilidad física que hayas desarrollado. Supongo que si te pido que me digas cómo te atas los cordones de los zapatos, no serás capaz de hacerlo sin utilizar tus manos para demostrarlo. Porque el recuerdo de cómo atar los cordones de los zapatos está ahora en tu fisiología.

Puedes usar tu memoria corporal para recordar cualquier cosa que necesites. De la siguiente manera puedes usarla para recordar las preguntas de precisión:

Vas a memorizar las preguntas de precisión en tus dedos. De modo que, para prepararte, pon tu mano derecha frente a ti, con la palma hacia abajo. Vas a reforzar cada pregunta diciéndola en voz alta y a la vez dando golpecitos sobre un dedo determinado.

- Primero el dedo índice, di "¿Qué específicamente...?", y toca tu dedo índice a la vez.
- Ahora el dedo medio, di "¿Cómo exactamente...?", y toca tu dedo medio a la vez.
- A continuación, el dedo anular, di "¿Qué pasaría si lo hicieras?", y toca tu dedo anular a la vez.
- Finalmente, el dedo meñique, di "¿Nunca? ¿Nunca jamás?", y toca tu dedo meñique a la vez.

Ahora recorre toda la secuencia una vez más, pronunciando cada pregunta y tocando cada dedo en el momento indicado.[10]
Las preguntas están ahora en tu memoria corporal y las tienes a tu disposición cuando las necesites.

Escuchar es percibir

Habrás notado que hay un tema en todo el libro que ha acentuado la importancia de no realizar juicios sobre otra persona a partir de nuestro propio mapa mental. También reconocerás ahora cuándo estás oyendo en lugar de estar escuchando con atención. Cuando sólo estás oyendo, es probable que estés "haciéndote tus propias ideas"; en otras palabras, interpretando tu propio significado de lo que se dice en vez de escuchar lo que quiere decir la otra persona. El **Hábito 5** trata sobre aprender a "caminar en los mocasines de otra persona" para crear buen entendimiento. Con una escucha atenta podemos no sólo ver las cosas desde perspectivas distintas y aprender a oír donde hay huecos, sino también percibir las cosas desde diferentes posiciones.

De modo que la parte de "percibir" es ser capaz de experimentar diferentes posiciones además de la tuya propia. En esto, como en todo lo demás, tenemos la opción de dónde posicionarnos:

Primera posición: Aquí oyes lo que dice otra persona, pero lo piensas desde tu propio lugar, es decir, interpretas lo que se dice desde tu propio mapa mental del mundo. Habrá momentos en los que necesites estar en esta posición (quizá cuando te dedicas a mantener un principio importante). Pero quedarte atascado de manera inflexible en este lugar significa que corres el riesgo de parecer dogmático y obstinado. Ser capaz de adoptar otras posiciones mejorará tu escucha y la calidad general de tu comunicación.

Segunda posición: Aquí es donde eres capaz de considerar lo que la persona dice desde su propio punto de vista. Puedes hacerlo porque eres capaz de meterte en sus zapatos, de "asociarte con" la experiencia del otro. Estarás correspondiéndote con su lenguaje corporal, notando las claves de sus procesos de pensamiento en su lenguaje y movimientos de ojos, reconociendo las creencias y los valores que apuntalan lo que está diciendo. Ser capaz de ver, oír y percibir el mundo desde la posición de otra persona es una forma excelente de lograr el sentir del otro para poder comprender aquello que lo motiva.

Tercera posición: Aquí eres capaz de dar un paso atrás y ver las cosas desde el punto de vista de un observador neutral. En esta posición puedes reflexionar sobre tu relación con la otra persona como si estuvieras fuera de ella, o "disociado".

Harás preguntas como éstas:

- ¿Cómo se llevan estas dos personas?
- ¿Cuál es la dinámica entre ellas?
- ¿Se están escuchando atentamente una a la otra?
- ¿Alguna de ellas está atascada en la primera posición?
- ¿Qué debe pasar para que su comunicación mejore?
- ¿Qué pasaría si las dos se escucharan atentamente?

Ser capaz de experimentar diferentes posiciones de escucha es un factor importante para avanzar al desarrollo del **Hábito 7.** Parte de la práctica de las conductas de influencia es ser capaz de reconocer el punto de vista de otra persona, mientras al mismo tiempo se tiene clara idea de la propia mirada. Las tres posiciones de escucha te ayudarán a:

- lograr captar la diferencia entre tu propio punto de vista y el de otra persona;
- apreciar la mirada del otro, aunque pueda ser diferente de la tuya;
- reconocer formas en las que puedes ser capaz de influir y mejorar una relación.

Conclusión

Los docentes altamente eficaces reconocen la importancia de la escucha idónea para mantener la buena comunicación y las buenas relaciones. Al desarrollar el **Hábito 6**, mejoraron su capacidad para comprender la posición de otras personas, aunque fuera diferente de la suya. Debido a que su enfoque de la escucha es más bien activo que pasivo, son capaces de influir en las relaciones de manera positiva.

El tiempo que se dedica a la escucha atenta es una inversión en las buenas relaciones. La práctica del **Hábito 6** significa usar todos tus sentidos para escuchar con atención y así ser capaz de "sintonizar" las zonas de pensamiento únicas de otras personas. Significa escuchar los huecos en lo que la gente dice, y utilizar preguntas de precisión para promover la comprensión o sacar a las personas de los ciclos negativos de pensamiento. El **Hábito 6** significa usar la escucha para potenciar a la gente afirmando su amor propio.

Los docentes altamente eficaces también han descubierto los beneficios del **Hábito 6** para su enseñanza. Como se toman más tiempo para escuchar, en lugar de simplemente hablar, alientan a sus alumnos a desarrollar su propia comprensión. Al practicar la escucha atenta, proporcionan un modelo de conducta para que los alumnos desarrollen sus propios comportamientos de escucha idónea.

Reflexión: Una actitud de escucha atenta

La capacidad de escuchar de manera idónea y comprensiva es un ladrillo fundamental de la buena comunicación. Se trata de una capacidad multidimensional: crea buen entendimiento, alienta a otras personas a hablar y promueve la autoestima en otros. Es una capacidad que crea una influencia de base para el desarrollo de los hábitos de afirmación, negociación y emprendimiento en los próximos capítulos.

Además, es una capacidad que no debe ser subestimada. La utilización de todo tu ser como un medio receptivo y la accesibilidad (simplemente escuchar) pueden ser el telón de fondo para una comunicación significativa. A menudo puede ser todo lo que se necesita para potenciar a otra persona. A veces, para alentar a alguien a hablar, quizá se necesite solamente asentir con la cabeza. Sigue asintiendo y ella seguirá hablando. ¡Inténtalo!

Al recordar que el 93% de la comunicación surge de factores de lenguaje corporal, no es raro que lo que haces con tu cuerpo importe para el telón de fondo de la escucha atenta.

Postura corporal relajada	Eliminar la agitación o los movimientos que distraen. Una postura relajada, sin encorvarse, transmite receptividad.

Apertura física	Volver tu cuerpo hacia otra persona. No cruzar brazos o piernas para que no existan barreras físicas.
Inclinarse ligeramente hacia delante	Indicar tu compromiso con lo que la otra persona está diciendo. Ser consciente de que no estás exagerando ni invadiendo el espacio personal del otro.
Hacer contacto visual	Es esencial mirar a la otra persona para captar sus movimientos de ojos y cambiar las expresiones faciales (esto no es lo mismo que mirar fijamente, por supuesto, porque podría percibirse como una amenaza).
Expresiones faciales adecuadas	Las expresiones faciales relajadas y las sonrisas transmitirán interés, pero hay que ser sensible a cuándo una sonrisa no es adecuada; tu expresión facial debe reflejar los sentimientos que estés captando.
Asentimientos	Asentir con la cabeza demuestra que estás prestando atención. Asentir no necesariamente transmite que estés de acuerdo con todo lo que dice la otra persona, pero sí que eres atento.[11]

Notas

1 Simon and Garfunkel, "Sonidos del silencio", 1964.
2 Rogers y Roethlisberger, 1952, citado en Riches, 1997, pp. 167-178.
3 Phillips, 1972.
4 Fontana, 1995, p. 88.
5 Wood, 1998, p. 172.
6 Riches, 1997, pp. 174-175.
7 Mehrabian, 1971.
8 Kipling, 1902.
9 Laborde, 1998, p. 99.
10 Adaptado de *ibid.*, pp. 95-105.
11 Extraído de Nelson-Jones, 1988. Hay mucho más en su capítulo "Para lograr una buena escucha" (*"Becoming a good listener"*).

HÁBITO **7**

PRACTICAR LAS CONDUCTAS INFLUYENTES

Debes a-cen-tuar lo positivo,
e-li-mi-nar lo negativo,
seguir la onda de lo afirmativo.
No te metas con lo del medio.[1]

7

Hasta ahora, los hábitos han sido una preparación para tu rol de profesional potenciado. Has pensado en tu identidad y en cómo considerar tu rol de docente. Eres más consciente de la gente con la que trabajas y puedes reconocer las pistas que dan una indicación de sus patrones de pensamiento. Has realizado cambios para evitar la acumulación de estrés negativo. Has tomado una perspectiva fresca de la forma en que manejas tu tiempo. Puedes crear compenetración y has experimentado los beneficios de la escucha atenta.

Si estuvieras trabajando en un mundo muy ordenado y estable, probablemente todo esto alcanzaría. Sin embargo, al elegir la docencia, has elegido trabajar en un ambiente complejo y lleno de desafíos, donde el único factor constante parece ser el miedo. Un ambiente donde tienes que trabajar con otra gente y en el que el comportamiento de las otras personas puede ser impredecible, errático o simplemente difícil.

Hay una frasecita que recito de memoria durante las clases de formación. La he dicho tan a menudo, que ahora me cito a mí misma. Expreso la creencia de que "No existe, en realidad, la gente difícil". Es una frase que puede provocar una gran variedad de respuestas, desde la incredulidad llana hasta las carcajadas burlonas. Y más de una vez me la han recordado cuando me entretuve quejándome por la irracionalidad de la conducta de un colega. "Ah, y yo que pensaba que tú sostenías que no existía la gente difícil", me recuerda algún compañero.

Sin embargo es una creencia a la que me aferro, y que apuntala el **Hábito 7**. Quizá no haya *gente* difícil, pero las personas ciertamente exhiben comportamientos irritantes que nos desafían o nos intimidan. El **Hábito 7** trata sobre desarrollar respuestas para lidiar con las conductas difíciles de otras personas. Es un hábito que, al encontrarnos con alguien que nos resulta difícil para congeniar, nos recuerda que quizá no hemos sido bastante flexibles en nuestro propio comportamiento como para hallar la clave que haga funcionar una relación armoniosa y productiva.

La conducta desafiante que puedes encontrar resulta a veces muy obvia. No hay forma de confundir un padre agresivo, que parece propenso a discutir; y sabrás instintivamente que debes enfrentar esa situación. En otros momentos, las conductas pueden ser más sutiles, o tomarte desprevenido. Incluso es posible que no reconozcas que has sido manipulado a hacer algo que realmente no quieres, que has sido tratado de manera paternalista, o que te han criticado injustamente. Puede ser que sólo cuando lo pienses posteriormente comiences a sentirte incómodo u ofendido, o incluso enojado por haber permitido que alguien te tratara de esa manera.

Lo que se conoce como firmeza es una respuesta eficaz al comportamiento de otro que puede buscar intimidarte, manipularte, tratarte paternalistamente o criticarte de modo injusto. Es muy fácil hacer la lista de estrategias de conducta firme que pueden utilizarse, según sea necesario. Éste es el enfoque que toman los métodos tradicionales de formación: los alumnos se marchan de un curso de adiestramiento con un manojo de técnicas y el entusiasmo de ponerlas en práctica inmediatamente. Y tal vez lo hagan por un tiempo, hasta que decidan que la conducta no funciona por alguna razón y regresen a sus viejas costumbres.

El **Hábito 7** tiene un enfoque particular de la firmeza, que se suma a los hábitos anteriores. Los docentes altamente eficaces reconocen que las conductas efectivas, ya sea para manejar el tiempo, controlar el estrés o lidiar afirmativamente con personas "difíciles", no trata sólo de la adquisición de un grupo de técnicas externas. Las técnicas son simplemente el producto final; el cambio de comportamiento real y sustentable emana de transformaciones que se realizan internamente, reformulando actitudes, desafiando creencias limitantes y clarificando creencias y valores.

Por eso, el enfoque que el **Hábito 7** hace de la firmeza va más allá de un grupo de técnicas de comportamiento. El **Hábito 7** reconoce que las **claves para la afirmación** radican en los hábitos anteriores, y los utiliza como la base para el desarrollo de una conducta firme.

¿QUÉ ES LA FIRMEZA?

Antes de considerar las claves para la firmeza, debemos aclarar a qué clase de comportamiento se refiere el término "firmeza". Frecuentemente he descubierto que la gente puede confundir comportamiento firme con comportamiento agresivo. De modo que, como punto de partida, es útil trabajar para una definición de "firmeza" pensando en lo que no es.

Alison siempre domina la conversación en la sala de profesores. Sus colegas tienden a tolerarla como una persona con opiniones fuertes. Por otro lado, es muy desdeñosa de cualquier punto de vista que difiera del suyo. De modo que ahora nadie se molesta en contradecirla; se considera que estar en desacuerdo con ella es una pérdida de tiempo. Cuando surgió el tema del desarrollo profesional, ni siquiera el subdirector del colegio logró persuadir a Alison de que asistiera a un curso de formación para mejorar su estilo docente. Ella afirmó que no tenía necesidad de mayor formación; no había nada que pudieran enseñarle que ella no supiera ya. En la misma tónica, Alison siempre "se mantiene en la suya" y no hace ninguna concesión a los puntos de vista de los padres. En varias ocasiones, cuando un padre se acercaba a ella con una pregunta sobre su hijo o hija, el encuentro terminaba en discusión. Durante estas entrevistas, Alison puede parecer muy intimidante: frunce el ceño y levanta la voz hasta casi gritar.

Esto no es firmeza: el comportamiento de Alison es *agresivo*.

Esteban siempre sigue la corriente del punto de vista de la mayoría en los encuentros de equipo. Si acaso hace alguna contribución a la discusión, generalmente habla de manera tan silenciosa y tímida, que nadie capta lo que quiere decir. Le preocupan muchas cosas de la situación docente, pero nunca soñaría siquiera mencionarlas. Lo percibiría más como una queja que como la expresión de una preocupación genuina. En las reuniones de padres tiende a dar informes insulsos sobre el progreso de los niños, por miedo a molestar a algún padre con críticas constructivas. Esteban sólo habla con un tono de voz tranquilo; le preocuparía que lo acusaran de ser mandón, si lo hiciera de otra manera. Sin embargo, puede parecer que se disculpa, y el hecho de que le resulte tan difícil hacer contacto visual refuerza esta impresión. A pesar de los esfuerzos de Esteban por no perturbar a nadie, sus colegas están cada vez más irritados por su costumbre de "nadar entre dos aguas", y tienden a no incluirlo en ninguna discusión importante.

Esto no es firmeza: el comportamiento de Esteban es *sumiso*.

A Patsy le desagrada la idea de no estar de acuerdo con alguien abiertamente, porque teme que eso desemboque en una discusión. Sin embargo, cuando discrepa de algo que alguien dijo o hizo, siente una gran necesidad de expresar su punto de vista de alguna manera. Así que puede asentir demostrando su acuerdo durante una reunión de profesores, pero también puede expresar un punto de vista totalmente distinto al conversar con otro miembro del personal. A menudo, su contribución a la discusión se da en forma de un comentario cínico y sarcástico, en lugar de expresar una opinión honesta. A menudo intenta manifestar su desacuerdo "vengándose" de alguna manera. A veces arrastra los pies cuando se le pide que presente una nueva forma de trabajo, hasta tal punto que el éxito de la iniciativa queda en peligro. Entonces ella puede decir que ya sabía que no iba a funcionar. Patsy tiende a asegurarse un aliado con quien pueda chismorrear entre el personal. El resto de sus colegas se han vuelto muy cautelosos de confiar en ella, porque saben que puede estar de acuerdo frente a ellos, pero, al alejarse, cotilleará sobre el tema.

Esto no es firmeza; la conducta de Patsy es *pasivo-agresiva*.

Las conductas agresiva, sumisa y pasivo-agresiva parecen muy distintas, pero emanan de una fuente común: todas son exhibidas por personas con baja autoestima; gente que no tiene suficiente confianza en sí misma para utilizar comportamientos seguros que sean congruentes con sus *creencias y valores*.
Estos comportamientos tienen otro factor en común. Como aprendiste en el **Hábito 2**, tu comportamiento influirá en la respuesta de otras personas frente a ti. Y, como habrás notado en las descripciones, Alison, Esteban y Patsy no influyen en los demás de manera positiva y con altos principios. Tal vez parezca que su comportamiento funciona en algunas situaciones, pero cualquier ventaja se dará estrictamente a corto plazo. A largo plazo, la respuesta a estos comportamientos puede ser irritación, evasión y falta de respeto.
En contraste con estas conductas, la firmeza (ver FIGURA 16) tiene que ver con ser capaz de comunicar de maneras directas, honestas y adecuadas, con ser competente para defender tus propios derechos y, a la vez, preocuparte genuinamente por los derechos de los demás. Es un comportamiento con principios, que tiene la mejor oportunidad de ganarse el respeto y la confianza de la gente con la que trabajas. Como se describe en la Figura 16, es un comportamiento que surge de la aceptación de ciertos derechos humanos. También se puede decir que, como has estado trabajando con los hábitos hasta ahora, has cimentado la base para el desarrollo de la firmeza. De modo que debemos buscar las claves de la firmeza ahora, antes de considerar estrategias específicas de firmeza, dado que sólo serás capaz de practicar las conductas una vez que hayas descubierto los elementos clave, que hacen de la firmeza una opción de conducta creíble, congruente y eficaz.

Ser firme significa:
- Ser abierto, flexible y preocuparse genuinamente por los derechos de los demás.
- Al mismo tiempo, ser capaz de establecer tus propios derechos.
- Defender tus propios derechos de tal forma que no infrinjas las libertades de los otros.
- Expresar tus necesidades, carencias, opiniones, sentimientos y creencias de manera directa, honesta y adecuada.[2]

¿Cuáles son estos derechos? Los derechos en relación con la *firmeza* no son la clase de prerrogativas que consagra la ley. Tenemos derechos legales para que nos protejan de la práctica discriminatoria y para que cuiden las condiciones de nuestro empleo, como un contrato de trabajo, el derecho a ciertas condiciones laborales, a licencia por maternidad y paternidad, indemnización, etcétera. Quizá no conozcas los detalles de estos derechos legales, pero están escritos en alguna parte, y hay gente que puede ayudarte (como representantes sindicales) si crees que tus derechos legales están siendo vulnerados. En cambio, los derechos asociados con la firmeza son los concernientes al comportamiento humano, basados en torno del principio de ser tratados como seres humanos iguales. El concepto de derechos ha existido durante largo tiempo. En 1948, Naciones Unidas incorporó gran parte del pensamiento de este tema en la Declaración Universal de los Derechos Humanos, que establece los derechos considerados necesarios para que los seres humanos puedan llevar una vida decente. Los derechos asociados con la firmeza están en línea con estos derechos humanos básicos. No hay una lista definitiva, pero todos los libros y la formación para la firmeza usarán una enumeración u otra.

El principio es que, si quieres desarrollar un comportamiento afirmativo, primero debes aceptar que tienes el derecho de:

- Ser tratado con el mismo respeto, sin importar edad, raza, clase, género, sexualidad y discapacidad, y si tienes o no trabajo pago.
- Expresar tus sentimientos y opiniones (que pueden o no ser distintos de las de los demás).
- Recibir una atención justa de tus opiniones e ideas.
- Tener necesidades y deseos diferentes de los de otras personas.
- Negarte a un pedido sin sentirte culpable o egoísta.
- Darle un *feedback* honesto a otras personas.
- Conocer y tener la oportunidad de responder a las críticas que se te hacen.
- Tener el tiempo para pensar cuando tomas una decisión.
- Ser "humano" (es decir, a veces estar equivocado y cometer errores).
- Decir que no entiendes y pedir más información.
- Juzgar si eres responsable de hallar soluciones a los problemas de otras personas.
- No depender de la aprobación de otros.
- Desafiar actitudes y comportamientos que menosprecian a otros.
- Ser tú mismo, lo que puede ser igual a, o diferente de, lo que los demás quisieran que fueras.[3]

Lo más importante es que, si aceptas todo esto como tus derechos, debes aceptar que otra gente también los tenga. Por lo tanto, tendrás la responsabilidad de asegurarte de que los derechos de otras personas estén tan protegidos como los tuyos.

FIGURA 15
SER FIRME

Claves para la firmeza

Las claves para la firmeza deben estar en su lugar antes de que puedas abrir el armario de las estrategias de comportamiento firme. Al identificar las claves, podemos ver cómo los hábitos han sido una preparación para desarrollar la firmeza.

Creencias y valores

Has pensado ya en las creencias y los valores que tienes en relación con la docencia y la educación (**HÁBITO 1**). Reconoces que no es suficiente "sostener" creencias; se debe revisar constantemente que las sigas en la interacción con alumnos y colegas. Esto también ocurre con los derechos a la firmeza. Al estar seguro de los derechos y tus creencias y valores, generalmente tienes una buena base a partir de la cual se puede practicar la firmeza desafiando las inconsistencias e inequidades, cuando éstas aparecen. Cuando haya una concordancia entre tu conducta, tus creencias y tus valores, darás la impresión de ser alguien congruente y confiable en tu comportamiento profesional.

Agudeza sensorial

Ya no estás cegado por tus preocupaciones personales, sino que has ampliado tu conciencia sobre la información disponible a través de tus sentidos (**HÁBITO 2**). Te has vuelto alerta al peligro de prejuzgar o estereotipar personas y situaciones, y puedes evitarlo no haciendo suposiciones sobre lo que estás viendo, oyendo y percibiendo. Como tu conciencia es más elevada, eres más sensible a ocasiones en las que otras personas recurren a conductas que estereotipan o manipulan. Al desarrollar la firmeza, construirás una base de confianza a partir de la cual puedes desafiarlas.

"Estado" de control

Puedes reconocer en ti la sensación de estar en control, de sentir confianza, de tener tus poderes mentales, físicos y emocionales alineados. Y has encontrado una estrategia para "anclar" este estado (**HÁBITO 2**), para así experimentar esa sensación de control cada vez que necesites actuar firmemente.

Conciencia corporal
Al aprender que el 93% de la comunicación se trasmite a través de elementos no verbales (**HÁBITO 6**), te has dado cuenta de lo que otra gente puede estar percibiendo en ti. Reconoces que las conductas agresivas, sumisas y pasivo–agresivas quedan en evidencia en el lenguaje corporal de las personas: en su postura, su expresión facial, su tono de voz y la forma de hacer contacto visual. Como tú puedes manejar tu estado, puedes asegurar que tu lenguaje corporal transmita el mensaje correcto cuando quieras actuar con firmeza. Te pones de pie o te sientas con una postura abierta y relajada; mantienes un tono calmado y estable de voz; realizas el contacto visual apropiado; te aseguras de que tu expresión facial se condiga con el mensaje que quieres trasmitir. Has aprendido que tu lenguaje corporal puede llevar la autoridad de tus palabras, y que es más probable que la gente se dé cuenta de lo que dices si la comunicación verbal y la comunicación no verbal están en la misma línea.

Conseguir información
Notas que, cuando otras personas no actúan con firmeza, su lenguaje quizá no sea directo, y el significado real puede permanecer escondido. Antes de que puedas responder con firmeza, tal vez necesites más información para comprender su significado real. Eres capaz de usar técnicas específicas de interrogación (**HÁBITO 6**) para revisar la exactitud de tu comprensión y así desarrollar una comunicación más abierta y honesta.

Flexibilidad
Estás reconociendo que no siempre puedes depender de que lo que quieres decir sea percibido con precisión por los demás (**HÁBITO 2**). Te das cuenta de que tienes que adaptar tu lenguaje y comportamiento si quieres crear buen entendimiento y llevarte bien con la gente. Comprendes que tu conducta no es quién eres ni tampoco

necesitas quedarte atascado en un patrón de comportamiento. Lo has demostrado al ser capaz de cambiarlo para ayudarte a tomar medidas contra el estrés (**HÁBITO 3**) y manejar tu tiempo (**HÁBITO 4**). De manera similar, la flexibilidad en tu respuesta a los demás implica que puedes mejorar la comunicación.

Buena autoestima

La manera en que te consideras a ti mismo —tus sentimientos de autoestima— forma parte de tu sistema de creencias. Tal como ocurre con todas las otras convicciones, esto se reconocerá en tu comportamiento. La conducta fanfarrona y dominante de Alison, en realidad, es una máscara de sentimientos profundos de insuficiencia. El miedo que Esteban tiene de que la gente piense mal de él tiene como consecuencia que se lo perciba como inseguro y tímido. Patsy debe reafirmar su sentimiento de autoestima "vengándose" de la gente de manera solapada. Sentirte bien contigo mismo no es lo mismo que ser jactancioso o tener un nivel enfermizo de amor propio. Más bien se trata de una evaluación realista de tu propio valor y, lo que es igualmente importante, ser capaz de aceptarte tal cual eres. Si no te puedes aceptar a ti mismo como eres, entonces no podrás aceptar a otras personas tal cual son. Si quieres llevarte bien con otra gente, primero debes llevarte bien contigo mismo.

Repuestas al comportamiento de otras personas

Con las claves para la firmeza ya en su lugar, podemos dedicarnos a algunas estrategias de comportamiento firme. Cada situación es distinta, por supuesto, y necesitas desarrollar la flexibilidad para responder de manera adecuada. Pero un punto de partida muy útil es tener algunas ideas sobre conductas que pueden resultar eficaces en cierto tipo de situaciones.

Quizás encuentres difícil soportar situaciones como, por ejemplo, estar del lado receptor de la crítica. Podría ocurrirte, si trabajas con alguien tan terco como Alison. Supongamos que has aceptado compartir algunos materiales de enseñanza con Alison, y luego te olvidaste de llevarlos a la escuela como habían acordado. Conociendo el estilo de Alison, probablemente será muy crítica y sus reproches podrían extenderse a tu capacidad en general. Algunas personas quizá reaccionen aceptando la crítica sin cuestionar su validez, o tal vez exploten en una respuesta emocional, respirando con dificultad y negando toda responsabilidad. Sin embargo, los hábitos te han equipado para dar una respuesta alternativa. La Figura 17 es una pauta para adoptar una respuesta firme frente a la crítica.

Por otro lado, con gente como Esteban y Patsy es improbable que tengas que enfrentar críticas, porque el estilo de ellos dos es no decir lo que realmente están pensando. Cuando éste es el caso, pueden producirse malentendidos y los resentimientos pueden hervir secretamente. Y siempre ocurre que esos resentimientos salen a la superficie de manera mucho más destructiva que si hubieran sido conversados desde el comienzo. En el caso de Esteban, quizá lo no hablado lo hiera solamente a él, al contribuir con su sentimiento general de insuficiencia. Patsy, con su chismorreo, probablemente suscite sentimientos dañinos entre otras personas, que pueden amargar la atmósfera y las relaciones laborales.

PASO 1	Escucha atentamente lo que se dice	Valora el punto de vista de la otra persona
PASO 2	Evita la respuesta emocional	● **Agresiva:** negar vehementemente ● **Pasivo-agresiva:** enfurruñarse y no decir nada

		● **Sumisa:** creer que es todo cierto.
PASO 3	Comprueba que entiendes; si no, pide más información	Usa preguntas para sondear: ● ¿Qué específicamente...? ● ¿Cómo exactamente...? ● ¿Nunca... nunca jamás?
PASO 4	Decide la verdad de la crítica	Es: ● ¿Totalmente cierta? ● ¿Cierta en parte? ● ¿Completamente falsa?
PASO 5	Responde con firmeza	● Cuando la crítica es *totalmente cierta*: di con claridad: "Sí, olvidé traer el material". Explica cómo te sientes: "Me siento muy mal por esto". Pregunta cómo afecta esto a los demás: "¿Esto les complica mucho las cosas?". ● Cuando la crítica es *parcialmente cierta*: concuerda con la parte que es verdad: "Tienes razón, a veces soy olvidadizo...". Niega el resto: "Pero generalmente tengo buena memoria". ● Cuando la crítica es *completamente falsa*:

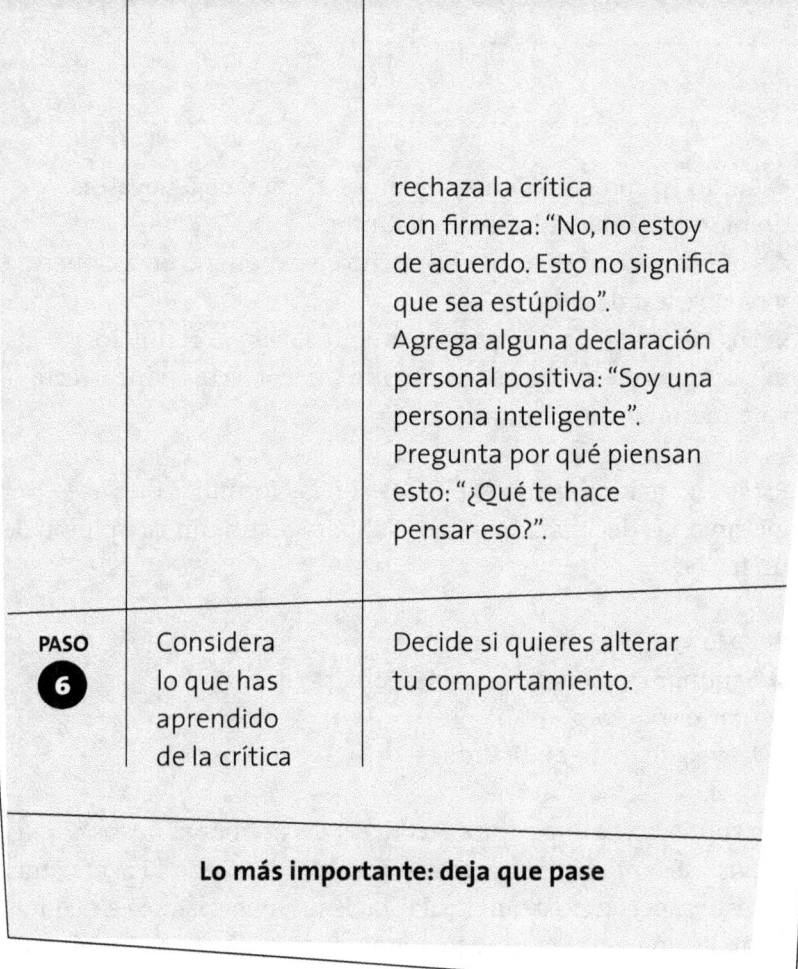

FIGURA 17
RECIBIR CRÍTICAS

Una agudeza sensorial mayor (**HÁBITO 2**) te permitirá estar más alerta a lo que se deja sin decir. La capacidad para usar técnicas de preguntas específicas (**HÁBITO 6**) significa que tendrás una buena oportunidad de lograr que la gente se abra a ti. Desde una perspectiva firme, puedes *potenciarte* tú y a otros creando una atmósfera abierta y "segura" donde la gente sea alentada a expresar una opinión. Al compartir tus perspectivas abierta y honestamente, de manera que reclames las opiniones como propias y reconozcas que pueden o no ser diferentes de las de los demás, demostrarás que se puede establecer un debate abierto y constructivo. Como ocurre con todas las conductas, esta capacidad surgirá de ciertas creencias, que en este caso son:

- Tanto yo como los demás tenemos el derecho a nuestras opiniones y a que éstas sean distintas.
- Los otros y yo tenemos el derecho de exponer convicciones y de no estar de acuerdo.
- Los desacuerdos no necesariamente llevan al conflicto.
- Las opiniones no necesariamente son correctas o incorrectas, sino meramente distintas.[4]

Estas creencias pueden expresarse en las fórmulas que uses; por ejemplo, las declaraciones con "yo" para distinguir tu opinión de un hecho:

- Yo lo veo de esta manera...
- Según mi experiencia, he descubierto que...
- Como yo lo veo...
- Lo veo de manera distinta...

Por supuesto, es importante reconocer las opiniones de los demás, incluso si expresan perspectivas que son contrarias a las nuestras. En este aspecto, existe una palabra de uso común que es mejor evitar. Es una palabra muy pequeña, con un efecto negativo muy poderoso. La oigo habitualmente en reuniones, y es una palabra que puede clausurar el progreso y actuar como barrera para una discusión fructífera. ¿Cómo es posible que una palabra pequeña tenga semejante efecto? Piensa cómo sonaría la siguiente frase en una conversación:

Sí, oigo lo que dices, pero...

La primera parte reconoce lo que la persona está diciendo, pero luego aparece ese "pero". Y el efecto que tiene es cancelar el reconocimiento para plantear un punto de vista diferente. Según mi experiencia, las reuniones pueden atascarse en una ronda de: "si, pero", sin que nadie esté dispuesto a ceder.
Como alternativa, piensa en el efecto de la siguiente frase:

Puedo ver que piensas eso, y lo has pensado de esta manera...

Nuevamente se produce un reconocimiento del punto de vista del otro. Luego no aparece el "pero" para cancelarlo. Si se reemplaza el "pero" con un "y", cambia el efecto de la oración; genera mayor probabilidad de que la persona considere tu punto de vista seriamente, porque no has desestimado su perspectiva con un "pero".

 Pausa para pensar

Tomarse el tiempo para escoger una decisión

Quizá sea una inclinación perfectamente natural: querer estar de acuerdo con un pedido, querer acceder a algo que un colega nos puede solicitar que hagamos. Tal vez nos resulte muy difícil decir "no" a alguien con quien trabajamos bien; quizá no queremos perturbarlo, o tememos que nuestra negativa dañe una buena relación laboral.

Esta inclinación también puede significar que nos creamos dificultades, como me ocurrió en una ocasión cuando me convertí en formadora. A menudo, cuando recibía una llamada telefónica preguntándome si podía dirigir un curso determinado en determinada fecha, solía decir enseguida: "Sí". Sin embargo, cuando lo reflexionaba, a veces lamentaba mi respuesta inmediata. Volvía a mirar mi agenda y me daba cuenta de que estaba colocándome bajo presión para preparar un curso en ese período, y quizá no tenía suficiente tiempo para viajar entre un lugar y otro. Sea cual fuere la razón, mi respuesta veloz podía a veces resultar en una fuente de estrés. Así que desarrollé una nueva estrategia. Cada vez que recibía una llamada preguntándome si estaba disponible, primero consideraba todos los detalles. Luego le decía a la persona que me llamaba que necesitaba pensarlo, revisar algunas cosas y que la volvería a llamar en una hora con la decisión.

Entonces usaba ese tiempo para pensar todos los temas y llegar así a una resolución que fuera la adecuada para mí. Después, tal cual había prometido, llamaba a esa persona y le comunicaba mi decisión.

En nuestro mundo de ritmo agitado, podemos dejarnos seducir con la idea de que la capacidad para tomar rápidamente una resolución es un rasgo que debemos adquirir para ser *profesionales empoderados*. Cuando alguien nos pide una decisión, podemos dejarnos arrastrar por el sentimiento de que debemos responder enseguida. Pero con sólo preguntar "¿Para cuándo necesitas la respuesta?", a menudo descubres que, después de todo, la decisión no tiene por qué ser inmediata. Y la velocidad no es el único criterio para juzgar una resolución . Es mucho más potenciador que te tomes el tiempo para comprobar todos los temas y ver si la decisión "se siente bien". En tanto le digas a la otra persona que le informarás tu decisión en determinado período de tiempo, según mi experiencia, generalmente se queda satisfecha.

Es una situación mucho más positiva, donde todos ganan, que si dejas que te apuren a tomar una resolución que resulta no ser la mejor que podrías haber tomado.

Camino a la firmeza

Ya has visto la importancia de las creencias para influir en tu comportamiento. Toda nuestra conducta está apuntalada por las creencias que tenemos, y la *firmeza* se desarrolla a partir de cierto grupo de creencias que conciernen a los derechos humanos. Quizá no pensemos que estamos expresando abiertamente nuestros sentimientos, pero se los puede detectar en el lenguaje que usamos. Y por cierto se vuelven evidentes en nuestro diálogo interior. Nuestra conversación interna se produce cuando hablamos con nosotros mismos en nuestras cabezas; meditamos sobre cómo nos sentimos por cosas que nos ocurrieron; mentalmente ensayamos lo que le diremos a alguien; revisamos nuestros pensamientos sobre temas importantes.

La mayoría del tiempo no nos damos cuenta de que estamos llevando a cabo este diálogo interior. Debido a esto, además no notamos cuánto de este coloquio interno es negativo. Los psicólogos han calculado que hasta el 90% del diálogo interior puede ser así. De modo que te darás cuenta de que puede generar un montón de creencias "limitantes". Puedes detectar la influencia de una convicción que te limita cuando usas frases como "No seré capaz de..."; "No puedo", "No debo", "Nunca va a pasar...", etcétera.

Así que puedes percibir que el diálogo negativo podría estar imponiendo limitaciones a tu capacidad de practicar conductas positivas y con principios. Por lo tanto, además de tener estrategias para *conductas* firmes, también necesitamos una estrategia de *pensamiento* firme para poder verificar si en nuestro diálogo interior hay creencias que nos limitan, desafiarlas y reformularlas en una forma de pensar más auténtica.

Prueba este enfoque:[5]

Paso 1
Primero, piensa en una situación con la que vas a tener que lidiar, pero que no estás seguro de saber manejar. Puede ser algo que has estado postergando porque tal vez te pone nervioso lo que otra persona puede decir. O quizá no sabes cómo manejar la situación con autoridad.

Paso 2
Identifica cómo te sientes con respecto a esa situación.

- Pregúntate: "¿Qué me estoy diciendo a mí mismo?".
- Piensa en cómo estás anticipando lo que sentirás si lo enfrentas.
- ¿Cómo anticipas la reacción de los demás?
- ¿Estás considerando la peor posibilidad?

Paso 3
Hazte una serie de preguntas para desafiar el diálogo interior negativo:

- ¿Estás exagerando?
- ¿Estás haciendo suposiciones?
- ¿Estás generalizando a partir de tu experiencia previa?
- ¿Podría alguno de los actos que has considerado
ser visto como manipulador?

Paso 4
Ahora vuelve a revisar:
- ¿Cuáles son tus derechos en esta situación?
- ¿Cuáles son los derechos de los demás?

Paso 5
- Reformula tu diálogo interior negativo previo.
- Elige una conducta firme para enfrentar esta situación.
- Elige un lenguaje firme.
- Comprueba que tus sentimientos sobre la situación sean ahora productivos; por ejemplo, si hay algo que te ha enojado, revisa que ahora seas capaz de enfrentarlo con firmeza, en lugar de dejar que hierva el resentimiento.

Paso 6
- Discute cómo pretendes enfrentar la situación.
- Practica las palabras que vas a decir en voz alta.
- Revisa que el lenguaje sea claro y directo, y sigue concentrado en resolver la circunstancia.
- Comprueba que tu "estado" esté alineado para que tu lenguaje corporal sea congruente con las palabras que usas.

¡Ahora, pasa a la acción!

Un paso por vez

Por supuesto, no siempre hay tiempo para meditar una estrategia adecuadamente firme antes de actuar. A menudo nos enfrentamos a situaciones que exigen una respuesta inmediata. Y quizá no seamos capaces de actuar con firmeza; tal vez porque no nos sentimos listos, o no tenemos confianza suficiente, o porque la situación nos atrapó en un momento en el que nuestro "estado" mental/físico/emocional no se hallaba en su mejor momento.

Por otro lado, puedes desplomarte al tratar de actuar con firmeza, desde un principio, en el abordaje de una situación realmente difícil. El peligro aquí es que, si no funciona como tú esperabas, ello afecte tu confianza personal. Es muy fácil recaer en el diálogo interior negativo y decirte a ti mismo que, ya que sabías que no iba a funcionar, ¿para qué preocuparse entonces?

Sin embargo, una regla simple que se aplica al desarrollo de cualquier habilidad se aplica igualmente al perfeccionamiento de la firmeza: comienza con algo pequeño y practica.

Empieza primero con situaciones pequeñas, que te permitan practicar los procesos de pensamiento, el lenguaje y el estado corporal. A medida que aumente tu confianza, podrás avanzar a situaciones más difíciles. Si no sientes que has logrado un resultado satisfactorio, en vez de culparte, fíjate si has aplicado las claves para la firmeza. Las conductas firmes se desarrollan si has internalizado los derechos para la firmeza, y si revisas constantemente tu lenguaje y apariencia para ver si reflejan tu aceptación de esos derechos.

Conclusión

Al adoptar el **Hábito 7** y reconocer las claves para la firmeza, podrás interactuar con otras personas de manera abierta y flexible, de modo que demuestre una preocupación genuina por ellas. Al mismo tiempo, serás capaz de expresar tus propios puntos de vista sin despreciar a los demás.

Los docentes altamente eficaces reconocen que la conducta a menudo puede ser manipuladora, subestimadora o injustamente crítica. Están preparados para desafiar a otros con firmeza cuando reconocen que se están utilizando estas conductas, y pueden resistir la atracción de exhibirlas ellos mismos. Tienen en claro la diferencia entre la firmeza y las conductas agresivas o sumisas. Reconocen que no siempre son firmes, y a veces recurren a comportamientos que no son productivos. Pero también saben que, al revisar su propio comportamiento, pueden seguir desarrollando su capacidad y planteando modelos de conducta firme a los demás.

Reflexión: ¿Cuánto vales?

Debajo se encuentra el ejercicio más difícil que he pedido que hagan los alumnos de formación. Al decir que es el más difícil, no me refiero a que la pregunta sea incomprensible. Es simplemente que, por lo general, se necesita de un cierto grado de persuasión y aliento para que los alumnos respondan cada pregunta. Inicialmente les da mucha vergüenza, y se escuchan muchos "No se me ocurre nada". En comparación, en ciertas ocasiones pueden oírse respuestas presumidas, casi fanfarronas, que sugieren un nivel enfermo de autoestima.

Tu grado de autoestima está directamente relacionado con tu habilidad para actuar con firmeza. La baja autoestima te llevará a sentirte amenazado por gente y situaciones, lo que deriva en conductas sin firmeza. La jactancia, además, puede enmascarar inseguridad y baja autoestima, que desembocan en un comportamiento agresivo. Para ser capaz de pensar realistamente en tu valor como persona, debes dejar afuera tanto la falsa modestia como la jactancia. Más bien, será una prueba de tu fe en ti mismo como profesional competente y equilibrado. Entonces, escribe una respuesta a cada pregunta:

- ¿Qué capacidades estás orgulloso de haber desarrollado?
- ¿Qué es lo más difícil que has logrado en tu vida?
- ¿Qué es lo que más te gusta de ti mismo?
- ¿Qué capacidad profesional puedes reconocer que has desarrollado?
- ¿En qué eres muy bueno?
- ¿De qué atributo que has desarrollado te sientes muy orgulloso?
- ¿Qué beneficio eres capaz de aportar en el trabajo con otras personas?

Cuando hayas escrito las respuestas, léelas en voz alta para ti mismo. Arma una oración completa que puedas decir de manera calma y confiada, por ejemplo: "Estoy orgulloso de haber desarrollado...".

Notas

1 Johnny Mercer, canción. (Letra de Johnny Mercer, 1944, Harwin Music Co. Reproducida con permiso de Warner/Chappell Ltd.)
2 *Open University*, 1992.
3 Adaptado de Back and Back, 1991.
4 *Ibid.*, p. 52.
5 *Ibid.*, p. 81.

PARTE III

Propagar la influencia

HÁBITO 8 Influir en conductas de liderazgo
HÁBITO 9 Propagar la influencia

HÁBITO 8

INFLUIR EN CONDUCTAS DE LIDERAZGO

El liderazgo es más un estado que una actividad.[1]

8

Igual que todo en nuestro mundo moderno, la enseñanza como profesión ha cambiado radicalmente. Así, en la mayoría de la gente que consulto parece haber un acuerdo sobre uno de los aspectos que hay que modificar. Los docentes del siglo XXI ya no pueden considerarse el "Llanero solitario"[2] de antes, que lleva adelante su trabajo solo en su clase. En cambio, los docentes ahora deben considerar su potencial como líderes de equipos, y trabajar con una variedad de profesionales como asistentes de clase, formadores y terapeutas, para facilitar el aprendizaje de niños y jóvenes. Los docentes siempre han sido líderes. Pero incluso su rol como guías en clases de niños y jóvenes ha cambiado. Tenemos una comprensión cada vez mayor de cómo funciona el "aprendizaje" y eso significa que hemos avanzado desde la dependencia de un modelo didáctico en el que el docente estaba en "el centro de la escena". Sabemos que el aprendizaje es más eficaz cuando el alumno posee mayor control, cuando comprende sus propios procesos de aprendizaje y el docente actúa como "guía" en el proceso de aprendizaje. El cambio impactó en el rol del docente en la clase y, de la misma manera, las cambiantes prácticas laborales, como la renovación del personal, afectaron el rol del docente en relación con otros profesionales. De modo que cobró más importancia que los maestros y profesores comprendieran la realidad diferente de un rol que cambió y dejó de ser el de un individuo autónomo para convertirse en el rol de un profesional que puede potenciarse a sí mismo y a los demás en un entorno laboral de distintas profesiones.

Hasta ahora, los hábitos se han ocupado de desarrollar la autogestión y las capacidades para relacionarse con otras personas al crear buen entendimiento, escucha atenta y firmeza. Para poder aplicar estas capacidades en el contexto laboral en grupos y equipos, debes comprender los factores que participan cuando la gente trabaja en grupos. El **Hábito 8** se ocupa, por lo tanto, de la comprensión de dinámicas de grupos y de las diferencias que distinguen un grupo de un equipo eficaz en pleno funcionamiento.

Lo más importante es que los docentes altamente eficaces han sido capaces de comprender el potencial de su rol de liderazgo. Al adoptar el **Hábito 8** reconocen la diferencia entre el liderazgo y la gestión, y que un líder no es siempre la persona que detenta la responsabilidad de gestión. De hecho, la persona con el rol formal de "líder" puede o no poseer capacidades de liderazgo y llegar a liderar. El **Hábito 8** ve al "liderazgo" como relacionado esencialmente con las capacidades de una persona, sus habilidades y su grado de influencia,[3] sea cual fuere su posición formal en un grupo, y aboga por éstos como atributos esenciales para un profesional capacitado.

Trabajar en grupos

La realidad de tu vida laboral como docente es que interactúas constantemente con grupos de personas. A menudo tal vez deseas "apartarte de todo" y encontrar algún espacio solitario para ti, pero para la mayoría de quienes elegimos la docencia es probable que la preferencia primordial haya sido trabajar con gente en lugar de hacerlo con "cosas".

Y, por supuesto, forma parte de nuestro estado humano que tengamos predilección por vivir y trabajar en grupos. Una cosa que compartimos en nuestra ascendencia común con los chimpancés y gorilas es que ya al comienzo de la evolución descubrimos las ventajas de vivir en grupo. Se afirma que, de hecho, vivir en grupo es uno de los factores que estableció el escenario para la evolución de nuestra inteligencia humana, que es muy superior. Sólo se necesita una cantidad de capacidad intelectual para someter una planta o una roca, pero una vez que se empieza a vivir con otros, se genera una presión para mantener la propia posición volviéndose más inteligente. Comienzas teniendo que pensar lo que otros están pensando, y pensar en lo que otros están pensando lo haces para mantenerte un paso adelante. Eso dice Stephen Pinker: en lo que respecta a la capacidad intelectual, no hay límites al intento por no ser menos que el vecino.[4]

El razonamiento sostiene que, cuando nuestro cerebro evolucionó, se hizo más grande para poder contener las complejidades de grupos sociales más grandes. Si perteneces a un grupo de cinco personas, debes comprender la dinámica del grupo, conocer cómo cada uno se relaciona con los demás, comprender las distintas personalidades y lo que se necesita para que todos estén felices. Incluso un aumento relativamente menor en el tamaño del grupo crea una carga social e intelectual adicional importante. Como seres humanos, socializamos en los grupos más grandes de todos los primates, porque somos los únicos con cerebros suficientemente grandes para manejar las complejidades de semejantes arreglos sociales.[5]

No es sorprendente que el "liderazgo" en el contexto de un grupo parezca ser un atributo complejo. Es, además, algo indefinible porque no parece haber un consenso sobre qué hace un líder a diferencia de un gerente, y, al mismo tiempo, es algo que todos reconocemos con sólo verlo. Sin embargo, es un atributo que a través de nuestra evolución hayamos desarrollado la capacidad cerebral para lidiar con eso. Pero antes de que podamos siquiera comenzar a identificar cómo se puede definir el liderazgo para nuestros propósitos, primero debemos comprender lo que ocurre cuando la gente está en grupos; cómo el comportamiento de grupos puede ser distinto de la relación personal, de uno frente a uno. Lo más importante es que debemos comprender qué marca la diferencia entre un grupo y un equipo que funciona a pleno.

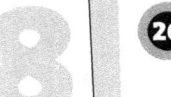

20 Pausa para pensar

El perfil de tu grupo

Un punto de partida útil para pensar tu comportamiento en un contexto grupal/de equipo es considerar los grupos de los que actualmente formas parte. Primero haz una lista de todos ellos. Puede abarcar desde los grupos familiares, los grupos de amigos y de deportes, hasta equipos más formales de tu escenario laboral. Piensa si cada uno es un grupo o un equipo, y qué los diferencia. Junto a cada uno, utiliza una palabra para describir el rol que piensas que desempeñas en ese grupo. Ahora reflexiona un poco más sobre tu conducta en cada grupo. Intenta describirla con honestidad:
¿Tu comportamiento difiere de acuerdo con el grupo en el que te encuentras? Si es así, ¿en qué? ¿Existe una conducta que utilices actualmente en un grupo pero no en otro? Por ejemplo, ¿encuentras que puedes ser firme en un grupo pero no en otro? ¿Cuál es la consecuencia probable si cambias tu comportamiento en cualquiera de los grupos? ¿Cómo influiría un cambio de conducta en la función del grupo o equipo?

Tipo de grupo/equipo

....

Tu rol

....

Tu conducta actual

....

¿Cómo influiría un cambio de conducta en el grupo/equipo?

....

Proceso de grupo

Hace muchos años enseñé en un instituto de educación para adultos. Los cursos duraban diez semanas, y, en mi falta de experiencia, me sumergí en la enseñanza durante la primera semana, ansiosa por asegurarme de cubrir todo el contenido. A menudo me sentía frustrada por tener que repetir ciertos temas cada vez que se unían nuevos alumnos al curso, y no podía comprender por qué los estudiantes no parecían cuajar como grupo desde la primera semana.

Supongo que en ese momento pensaba que un grupo o una clase llegaban ya listos y confeccionados, y que todo lo que yo debía hacer era concentrarme en dictarles el contenido del curso. No me daba cuenta de la necesidad de considerar la dinámica de grupo, o que pueden ocurrir diferentes cosas que afectan el "clima" del grupo. Sólo años más tarde comprendí que los grupos pasan por varias etapas de desarrollo en su camino a convertirse equipos productivos (ver FIGURA 18). Todavía recuerdo lo esclarecedor que resultó para mí aprender esto. Todo pareció encajar. Pude reconocer que, cuando me encontraba con algunos mares picados alrededor de la segunda o tercera semana de un curso, eso formaba parte de la etapa de *asalto* del grupo. Aprendí que, en tanto pudiera mantener una mano firme en el casco, podía navegar con el grupo hasta llegar a las aguas más calmas de la etapa del *rendimiento*.

A diferencia de lo que ocurre en un curso formal, los grupos no siempre tienen un tiempo específico de comienzo y final en los que las etapas puedan ser secuenciales. Cuando lo tienen, resulta más fácil reconocer en qué etapa están y hacer los ajustes que correspondan al estilo de liderazgo. En otras situaciones, algunos individuos pueden unirse y dejar los grupos, y luego el grupo quizá avance o retroceda ciertas etapas. Pero como cada fase tiene sus propias características en relación con el comportamiento de los miembros, es útil considerar en cuál de las instancias puede estar tu propio grupo/equipo actualmente, para poder identificar el comportamiento de liderazgo adecuado.

Una manera útil de comprender el proceso de grupo
es pensar que las agrupaciones pasan a través de etapas en su camino por volverse equipos que funcionan plenamente. A veces las fases son secuenciales,
pero no siempre es el caso. Algunos grupos avanzan
o retroceden cuando se produce la incorporación
o deserción de algún individuo. Cada instancia puede reconocerse a partir del comportamiento de los miembros y el "clima" del grupo. Como consecuencia, cada etapa exige una conducta de liderazgo distinta.
El liderazgo de equipos requiere, por lo tanto,
no sólo capacidades interpersonales de un alto orden, confianza, resistencia y sentido del humor, sino también una valoración estratégica de la etapa de desarrollo
en que se encuentra el equipo.
Un líder debe darse cuenta de que, cuando el grupo madura y se convierte en equipo, se necesita
que el estilo de liderazgo progrese para adecuarse
al proceso evolutivo.

Clima	*Proceso*
Etapa 1: **Formación**	
Generalmente ansioso. Desconfianza cortés mutua o en la tarea. Resistencia a hablar o compartir sentimientos.	Capacidad de escucha deficiente. Intento por imponer una estructura. Dependencia de un líder o miembros fuertes. Intento de que el líder actúe como un líder "real". No participación o participación vacilante de algunos miembros.

	Clima	Proceso
		Etapa 2: Asalto
	Tensión. Actitud defensiva. Arrastre de pies, poca evidencia de tomar riesgos.	Sentimientos negativos sobre la tarea o sobre otros miembros. Cuestionamiento del valor de la tarea. Desafíos al líder. Participación irregular (algunas personas muy comprometidas; otras, retraídas).
		Etapa 3: Pautas
	Más cooperación. Surgimiento de un sentido de identidad de grupo. Los miembros pueden comenzar a sentir afecto unos por otros.	Sentimientos y opiniones expresados de manera abierta y constructiva. Miembros que se abordan directamente haciéndose preguntas y proporcionándose apoyo. Aceptación de un estilo de liderazgo.
		Etapa 4: Rendimiento
	Apertura. Moral alta. Seguridad y confianza. Pérdida de energía. Sensación de intimidad.	Mucha contribución y aliento de parte de todos los miembros. Grupo dedicado con esfuerzo al logro de la tarea. Líder como miembro participante.

FIGURA 18
EL PROCESO DE GRUPO
Fuente: Basado en Tuckman, 1965.

Clima de grupo

Notarás en la Figura 18 que el clima de grupo está muy asociado con el estado emocional de sus miembros. Realmente, el ambiente social de un grupo puede afectar las emociones tanto como el clima que experimentamos en el exterior. Un día oscuro y lluvioso puede aguar nuestros espíritus, y tal vez parece más fácil estar alegre en un día soleado. De la misma manera, el clima general de un grupo puede influir en sentimientos individuales.

Un elemento absolutamente indispensable del liderazgo es la capacidad de sentir el clima en un grupo o equipo. Sin esta conciencia social, es difícil ver cómo un líder puede demostrar empatía al responder a los sentimientos de los miembros del grupo. Sintonizado con cómo se sienten los otros, el líder puede "poner a juego" su propia conducta de forma adecuada, ya sea para calmar sus miedos, aliviar su enojo o promover un buen ánimo.[6]

Hasta ahora, los hábitos te han equipado con los atributos esenciales para influir en el clima emocional. Habrás desarrollado la agudeza sensorial de percibir más sobre el comportamiento general de las personas y podrás captar las pistas para saber cómo se siente la gente. Puedes crear buen entendimiento y serás capaz de usarlo para atraer a alguien a un grupo, cuando sientas que está apartado. La escucha atenta es siempre un buen atributo para asegurarse de que todos los miembros de un grupo se sienten valorados. Puedes utilizar preguntas específicas para sondear sentimientos y alentar a la gente a expresar esas cosas que quizá se dejan sin decir. La firmeza en una situación de grupo significa que podrás expresar tus propios pensamientos y sentimientos abiertamente, mientras, a la vez, tomas en cuenta las opiniones y los sentimientos de los demás.

Quizá más importante que todas estas capacidades es la habilidad de controlar tu estado emocional (ver **HÁBITO 2**). No es posible que pretendas demostrar un liderazgo positivo e influir en el clima de un grupo, si primero no eres capaz de comprender y hacerte cargo del control de tus propios sentimientos. Un fuerte sentido de conocimiento de uno mismo implica que puedes ser realista, no demasiado crítico contigo mismo ni ingenuamente esperanzado. Cuando seas honesto contigo podrás ser honesto sobre ti frente a otros, incluso hasta el punto de ser capaz de sonreír ante tus propias idiosincrasias.[7] Sea cual fuera tu posición formal en un grupo, la conciencia de ti mismo y el control del estado emocional son atributos que significan que eres capaz de influir positivamente en el clima social. Como lo dijo Daniel Goleman, en definitiva, el acto más significativo de responsabilidad que puede realizar un líder es controlar su propio estado mental.[8]

 Pausa para pensar

Compartir la risa

El sonido de la risa es un indicador de la temperatura emocional de un grupo, una señal de que los corazones de la gente, al igual que sus mentes, están comprometidos. Todas las emociones se desparraman como virus, y la risa es un indicador de la naturaleza contagiosa de los buenos sentimientos. También se ha descubierto que los buenos estados de ánimo, como el optimismo y el cariño, se esparcen con mayor facilidad, que la irritabilidad es menos contagiosa y que la depresión casi no se propaga.

La risa poco tiene que ver con la habilidad de la gente para contar una broma; casi siempre llega en respuesta a una interacción social amistosa y relajada. Las sonrisas son la señal más contagiosa de todas; de manera casi irresistible, atraen sonrisas como respuesta. En términos neurológicos, la risa compartida es la comunicación más directa posible entre la gente, una reacción involuntaria inmediata que enlaza los corazones antes que las mentes.[9]

Dado el poderoso efecto de la risa sobre el clima de un grupo, resulta útil considerar cuán a menudo estableces lazos con la gente por medio de la risa y la sonrisa:

8

	Diariamente	Semanalmente	No puedo recordar la última vez que me pasó
Sonreí y dije "Buen día" a todo el mundo en la sala de personal.	○	○	○
Inicié la risa en una reunión para aliviar la atmósfera.	○	○	○
Me esforcé por hacer sonreír a un colega, cuando consideré que necesitaba animarse.	○	○	○
Me dediqué a hacer reír a la gente para alentar la creación de lazos en un grupo.	○	○	○
Promoví una risa generalizada en la sala de personal.	○	○	○
Me aseguré de que el día escolar concluyera en una buena nota despidiéndome de mis colegas con una frase cálida y amable.	○	○	○

Por supuesto, todo lo anterior se aplica también a tu relación con los alumnos. ¿Cuáles serían tus respuestas si consideraras cada punto en relación con tu clase?

El foco en el equipo

Una de las diferencias más importantes que distingue a un grupo de un equipo es que, mientras un grupo puede ser una reunión de individuos, un equipo está reunido por alguna suerte de propósito común. Sin embargo, recibir una tarea asignada no es suficiente para asegurar que los individuos en cuestión formen automáticamente un equipo eficaz, y ni siquiera que el trabajo se realice con eficiencia. Si piensas en los equipos de los que eres miembro, puedes reconocer que existen algunos que son meramente grupos de individuos conectados de manera poco precisa, mientras que otros tienen más el carácter y la cultura de un equipo.

También es posible que hayas experimentado que la gente que detenta el rol formal de líder puede tener distintos estilos de liderazgo. Algunos pueden estar claramente orientados a las tareas, muy concentrados en lograr que se realice el trabajo. Es posible que perciban que la función principal del liderazgo es identificar el resultado que se debe alcanzar y repartir las tareas para conseguirlo. Otros quizá parezcan más orientados hacia la gente y posiblemente querrán ser "uno de la banda" en lugar de guiar al grupo desde el la primera línea. Quizá descubriste que trabajar en determinado equipo es, en general, mejor experiencia que trabajar en otro, y que puedes relacionar esto con que te sientes más motivado por un estilo de liderazgo particular.

John Adair afirmó que, para que un grupo sea un equipo de éxito, hay ciertos tipos de necesidad que debe cubrir el líder. Él lo llama *liderazgo centrado en la acción*.[10]

● Está la necesidad de *tareas*. Un equipo necesita una meta que valga la pena. Un líder debe asegurarse de que la meta sea clara para los miembros del equipo, y de que existe un acuerdo sobre alcanzar esa meta. Debe haber un plan de acción para ese fin, y el líder debe ayudar al equipo a organizarse una vez que la meta haya sido alcanzada.

● Existen las necesidades de *mantenimiento* del equipo. El líder debe asegurarse de que existe un entendimiento entre

los miembros del equipo y facilitar la cooperación. El equipo necesita un carácter según el cual todos los miembros se apoyan mutuamente, incluso cuando no están de acuerdo.
- Habrá también necesidades *individuales* en el equipo. Distintos miembros de éste tendrán sus propias necesidades individuales, que el líder debe reconocer. Quizá exista el requerimiento de reconocer un problema particular, o la necesidad de pertenecer. Otros pueden experimentar una necesidad de contribuir, o del poder del estatus.

La capacidad del líder es reconocer que las necesidades del equipo cambian con el tiempo y saber qué requerimiento debe atender en determinado momento. Recuerdo un equipo en el que participé hace mucho tiempo; parecíamos avanzar con dificultad, sin lograr ningún progreso en el trabajo que debíamos abordar. Era realmente una experiencia muy frustrante. Sólo gracias al beneficio de mirar las cosas en retrospectiva fui capaz de reconocer que el problema radicaba en un miembro del equipo y su relación con el líder. Debido a que no se cubrían sus necesidades en el equipo, había llevado a éste a una posición de punto muerto. El líder tenía un estilo bastante inflexible y se abría camino heroicamente tratando de conseguir que el equipo trabajara en conjunto. De modo que nos encontrábamos en una situación inextricable, donde tanto el líder como un miembro del equipo estaban encerrados en sus propias actitudes y conductas. Lamentablemente, el trabajo de equipo mejoró solamente cuando este miembro se marchó y el equipo pudo concentrarse en la tarea que le tocaba.

La persona con mayor flexibilidad controlará el sistema[11]

Sí, ¡nuevamente la palabra con "f"! (ver **HÁBITO 2**). Espero que a esta altura hayas reconocido que la flexibilidad en el pensamiento y el comportamiento posiblemente resulte el factor clave más importante para convertirte en un profesional empoderado.

La flexibilidad es un factor clave del liderazgo, porque crear una atmósfera laboral eficaz con una cooperación dispuesta para que el trabajo se realice significa adaptar el propio estilo de liderazgo a las dos dimensiones de la tarea y la conducta en las relaciones.[12] Hay veces, como, por ejemplo, cuando tal vez reconoces que el equipo se encuentra en una etapa de **rendimiento**, en que se concentrará en el trabajo que hay que hacer. Entonces tu capacidad para hacer preguntas específicas identificará las necesidades de la tarea para el equipo, manteniendo el foco en el trabajo que se está realizando y asegurándote de que todos comprendan lo que ocurre y qué deben hacer. En otro momento, en la dimensión de la relación, te darás cuenta de cómo los hábitos te prepararon para reconocer y responder a la individualidad única de otras personas. Particularmente cuando, al dirigir, se reconoce que tratar a todo el mundo de igual manera es una receta para las dificultades y la decepción. Los administradores eficaces son aquellos que tienen una capacidad para sentir las necesidades de aquellos con quienes trabajan y adaptar su estilo en consecuencia.[13]

Ser un docente exige simplemente flexibilidad. Se estima que un maestro de escuela primaria toma mil decisiones por día, resoluciones interactivas en respuesta a una lectura rápida de la situación.[14] La flexibilidad es esencial en el pensamiento, el lenguaje y el comportamiento en todos los contextos, ya sea interactuando con niños o con adultos, individualmente o en grupos. Por supuesto, la flexibilidad en el lenguaje y la conducta exige la capacidad (ver **FIGURA 2**) de comprender el tipo de comportamiento que se debe adoptar en determinada situación: elegir si se asume un comportamiento que promueve la tarea, uno que mantiene el equipo u otro que apoya a un individuo del equipo.

Sin embargo, cuando pensamos en el liderazgo de equipos, podemos enfatizar dos puntos clave en relación con la flexibilidad. Primero, cualquiera en un equipo puede demostrar comportamientos de liderazgo y no solamente el líder formal. De hecho, resulta una bonificación definitiva para la eficacia del equipo si un miembro puede suplir y complementar a un líder de equipo que carece de un estilo de liderazgo plenamente desarrollado. En segundo lugar, podemos identificar distintas conductas que encajan con las necesidades de un equipo.[15] Esto corresponde a:

Tarea
- Revisar el desempeño en pos de alcanzar las metas.
- Organizar el trabajo.
- Identificar problemas.
- Reconocer la etapa de progreso hacia las metas.
- Realizar todo lo anterior explícitamente, para que haya un entendimiento común entre los miembros del equipo.

Mantenimiento
- Comunicarse claramente para que todos los miembros del equipo tengan claros los roles y responsabilidades.
- Ser elocuente con las cosas que tal vez no hayan sido expresadas, llevar a la superficie temas secretos para que puedan ser discutidos abiertamente.
- Actuar como conciliadores para asegurar el consenso.
- Actuar como agentes honestos para establecer la confianza.

Individual
- Actuar como modelos de conducta del comportamiento esperado.
- Preparar, alentar y apoyar a los demás.
- Demostrar preocupación por el bienestar de los otros.

 Pausa para pensar

El precio de la confianza

La capacidad para reconocer y agregar las contribuciones de los otros implica una flexibilidad mental. Una persona que mantiene sus cartas cerca del pecho y es demasiado posesiva con su propio "territorio" o información establece límites a su propio crecimiento y al empoderamiento del grupo como un equipo. La flexibilidad de ser abierto y receptivo a las ideas de otras personas inspira confianza y,

como verás en los siguientes ejemplos, la falta de confianza puede dañar gravemente el trabajo de equipo.

Melanie había sido nombrada coordinadora de Lengua en una escuela primaria. La escuela no había obtenido una buena calificación en esa materia en la última inspección, así que ella había incorporado un nuevo plan para mejorar la enseñanza y los logros. A pesar de tener todo el apoyo del director, había encontrado mucha resistencia por parte del resto del personal. Algunos de los miembros más antiguos habían dicho que no veían la razón del cambio, ¿qué problema había con la forma en que siempre habían enseñado la materia? Otros profesores, menos experimentados, no estaban seguros sobre su capacidad para ocuparse de la naturaleza más exigente del nuevo plan. Se le habían dado largas al asunto con cierta resistencia, cuando Melanie pidió observar el trabajo de clases individuales para asegurarse de que había un enfoque coherente en toda la escuela. Melanie es muy nueva en la institución; rápidamente reconoció la necesidad de mejorar la enseñanza de Lengua, y su experiencia previa la convenció del valor de este plan particular. Mientras se siente frustrada porque le parece que no ha logrado la confianza de sus colegas, tiene la necesidad de seguir adelante con el plan para beneficio de los niños.

Gavin es un miembro talentoso y lleno de energía del departamento de Historia. Ha iniciado varios proyectos para mejorar la presentación de la materia en todo el Departamento, y el resto del equipo docente ha tomado sus ideas con entusiasmo. Un amigo de otro Departamento le contó que su idea más reciente se mencionó en una reunión del cuerpo directivo. Sin embargo, su amigo agregó que el director del Departamento la había presentado como si fuera su propia idea, sin mencionar para nada a Gavin. A pesar de su naturaleza habitualmente abierta y participativa, Gavin siente resentimiento por esto. Se pregunta si debería mencionárselo a alguien y reclamar la autoría de esa idea.

Lo que es aún más grave, se siente inclinado
a no presentar más ideas al equipo y piensa que tendrá
que guardárselas para sí mismo.

Sandra ocupa las mañanas de los lunes con el planeamiento, la preparación y la evaluación. Su clase la da Érica, una docente de medio tiempo empleada para cubrir a los profesores de la escuela cuando ellos se ocupan de estas obligaciones. Sandra siempre le deja trabajo a Érica para su clase, pero le preocupa que nunca parece terminar la tarea que le encarga. Cada vez tiene más sospechas de que Érica ocupa parte del tiempo en otras cosas. Cuando le preguntó sobre esto, ella insistió en que, simplemente, la clase era lenta para terminar la tarea. Sandra conoce muy bien a su alumnado y tiene buena relación con los niños, de modo que sabe la cantidad de trabajo que son capaces de realizar.

No puede constatar si el fracaso constante para completar la labor se debe a que Érica no tiene capacidad docente o a que ocupa el tiempo con otra cosa.

¿Puedes reconocer ejemplos de este tipo de conducta en tu propia experiencia? ¿Cómo piensas que los docentes de estos casos deben manejar las situaciones que les tocan? ¿Qué te parece que deberían hacer?

Conclusión

Los docentes altamente eficaces han desarrollado la conciencia social que es prerrequisito para el liderazgo. Primero y principal, se han ocupado de controlarse a sí mismos, y son capaces de manejar su estado emocional, comprender y controlar sus sentimientos. Luego entienden la importancia de la flexibilidad para responder a los demás. En vez de tratar a las personas como si fueran todos iguales, pueden usar su conciencia social y agudeza sensorial para adaptar su conducta para beneficio de la situación del equipo. Mientras nuestra condición humana nos ha destinado a trabajar socialmente, el comportamiento de grupos y equipos es un fenómeno social multifacético. Por eso, tener una comprensión de lo que ocurre cuando las personas trabajan juntas en grupos resulta crucial para el desarrollo de una variedad flexible de conductas que pueden ejercer influencia.

El liderazgo no reside solamente en el individuo que está a la cabeza, sino en cada persona en todos los niveles que, de una manera o de otra, actúa como líder de un grupo de seguidores.[16] Al igual que ocurre con otras conductas profesionales, es difícil dar una descripción precisa del liderazgo. El **Hábito 8** toma un enfoque que destaca el comportamiento del líder. Existe, además, una dificultad en común con todos los demás comportamientos profesionales porque, cuando se logra la pericia, los factores que la configuran entran en competencia inconsciente (ver **HÁBITO 2**, Reflexión). Es difícil para los líderes describir conscientemente lo que los vuelve eficaces, y también será difícil para ellos ser conscientes de lo que obstruye su camino hacia el perfeccionamiento. Debes tomarte el tiempo para reflexionar sobre la situación de tu propio equipo y la efectividad del comportamiento de éste, y eso te ayudará a desarrollar capacidades eficaces de liderazgo.

Reflexión

Para algunas personas, el trabajo es como abrir un camino a machete en una densa selva. Trabajan mucho, se esfuerzan, deben despejar cada paso que dan tajeando la maleza. El trabajo es todavía más difícil porque, de tanto dar machetazos, se ha perdido el filo. La jungla invade todo con tanta velocidad, que temen detenerse a afilar el machete, así que siguen

avanzando. Hay muy poca luz para mostrar el camino; los árboles, uno junto al otro, sólo dejan pasar un resplandor de pálida luz del sol que se filtra a través de la espesura. Constantemente se mueven alertas al peligro de serpientes venenosas o arañas que puedan sorprenderlos con la guardia baja. Como su atención está totalmente inmersa en el trabajo inmediato de atravesar la maleza, y los peligros los amenazan por doquier, han perdido el sentido de orientación. Para ellos, lo único que queda por hacer es seguir avanzando. Algunas personas de este grupo, al principio, tuvieron la previsión de traer un mapa y una brújula con ellos. Antes de partir aprendieron a leer el tiempo según el movimiento del sol y a guiarse por las estrellas. Intentaron decirles a los demás cómo el mapa y la brújula podían ayudarlos; incluso sugirieron que treparan a un árbol para intentar ver hacia dónde se dirigían. Pero las otras personas pensaron que estaban perdiendo el tiempo. Y dijeron: "Ahorren la energía para la jungla. No hay otra forma".
Otro grupo enfoca el trabajo de manera diferente. Están muy arriba, encima de la jungla, en una cesta llevada por un globo aerostático. Les dijeron que el globo no era confiable como medio de transporte, pero la gente que viajaba en él pensó que al menos no tenía ningún motor que pudiera dañarse. Admiten que los afectan las presiones externas como el viento, que constantemente sopla sobre ellos, pero pueden compensarlo ajustando los alerones del globo. Y si comienzan a caer demasiado bajo, pueden liberar la cantidad exacta de energía que los haga elevarse nuevamente. De modo que, en general, sienten que tienen el control de la situación. La principal ventaja de viajar en globo es que la gente que se encuentra en la cesta puede ver la extensión de la selva debajo de ellos y la dirección que tienen. Están tan arriba

que pueden distinguir que en un límite de la jungla hay un abismo profundo por el que se precipita un torrente espumoso. Más lejos, en la otra dirección, pueden avistar una amplia pradera sobre la que se eleva el polvo de la estampida de los búfalos. Cuando sienten que se acercan demasiado a los peligros, ajustan los alerones del globo para recuperar el curso correcto. También han podido mirar abajo al grupo que se abre paso en la selva y pueden notar cuándo se dirigen al peligro. Si ven que se están acercando al abismo, les gritan advertencias, y cuando ven que se acercan a la estampida de búfalos, los alertan para que tenga cuidado. Pero el grupo de la selva parece resentir esta interferencia. La gente del globo incluso les ha ofrecido arrojarles una escala de cuerda para que las personas de la selva puedan trepar y unirse a ellos (se trata de un globo muy grande). Pero ellos se niegan a aceptar la ayuda ofrecida. Gritan: "No, no, ¿qué pasaría si llegara un tornado? Mejor mantenemos nuestros pies sobre tierra firme".

De modo que la gente en la selva sigue abriéndose paso a machetazos entre la vegetación invasiva, con la cabeza baja. Las personas que se les han unido han olvidado cómo se usa la brújula y cómo se puede avanzar con las estrellas. La gente del globo ha controlado su nave y disfruta del paisaje. Y todos continúan adelante, cada uno creyendo que el camino que ha elegido es el mejor.

8

NOTAS

1 Gilles Pajou, citado en Dilts, 1996, p. 31.
2 Reynolds, 2006.
3 Dilts, 1996, p. 3.
4 Pinker, 1997, p. 193.
5 Gladwell, 2000, pp. 178-97. Malcolm Gladwell hace un relato interesante del trabajo del antropólogo británico Robin Dunbar, quien desarrolló una teoría en la que calcula la proporción de la neocorteza de una especie particular (el tamaño de la neocorteza en comparación con el tamaño del cerebro) y, a partir de esto, identifica el tamaño máximo del grupo del animal. Para el *Homo Sapiens*, lo identifica aproximadamente en ciento cincuenta; lo que Dunbar afirma parece representar la cantidad máxima de individuos con los que podemos tener una relación social genuina.
6 Goleman, 2002, p. 49.
7 *Ibid.*, p. 40.
8 *Ibid.*, p. 47.
9 *Ibid.*, pp. 10-11.
10 Adair, 1979, p. 10.
11 Una presuposición de la PNL. (Ver Apéndice 1.)
12 Dilts, 1996, p. 4.
13 Whitaker, 1997, p. 20.
14 Eraut, 1993, cita un cálculo de Jackson de mil decisiones por día. Ver también Jackson, 1968.
15 Lo extraje de la lista de funciones del liderazgo que hizo Dawson en 1996.
16 Goleman, 2002, p. XIV.

HÁBITO 9

Propagar la influencia

*Denme un solo lugar firme en el que pararme,
y moveré la Tierra.*[1]

En cierto aspecto, este hábito completa el círculo. Comencé este libro señalando cómo los hábitos estaban relacionados con el componente interpersonal de la práctica profesional (ver INTRODUCCIÓN). Los hábitos a continuación describieron los aspectos del desarrollo personal que, sostengo, forman una base sólida para el desarrollo del saber profesional. Incluyen tanto la autogestión como las capacidades para trabajar eficazmente con otras personas. También reconocí que existen presiones externas que se ejercen sobre los docentes en forma individual; presiones que no sólo contribuyen a la complejidad de la docencia como rol profesional, sino que pueden ser barreras activas que obstruyan el desarrollo de un profesionalismo confiado y potenciado. Como ocurre en Inglaterra, donde el foco puesto en mejorar las escuelas y elevar los logros de los alumnos en una cantidad de materias, capacidades o competencias restringidas y mensurables puede significar una amenaza a una visión de una moral alta y a un propósito social del profesionalismo docente.[2]

El **Hábito 9** te desafía a lograr una comprensión de tu papel de profesional de la educación dentro de los contextos de tu comunidad local y los organismos nacionales y locales responsables de la política. Te pide que consideres que tus grupos de "clientes" existen tanto fuera de tu clase y escuela como dentro: padres, empleadores y toda la sociedad. Recomienda que tu práctica en tu clase

y escuela esté fundada en el conocimiento logrado en la investigación educativa, psicológica y social. En la sociedad global en la que ahora vivimos y trabajamos, podemos reconocer cómo lo global se ha convertido en lo local.

El **Hábito 8** partía de un conocimiento de la dinámica y los procesos de grupos; de la misma manera, el **Hábito 9** parte de la comprensión de cómo funciona el sistema a gran escala. Como el **Hábito 8** llega a defender el comportamiento productivo de grupo, el **Hábito 9** sugiere que existen actitudes y conductas que pueden desarrollarse y nos empoderan profesionalmente al ampliar nuestra perspectiva. No debemos amilanarnos por la complejidad de nuestro mundo ni temer que las presiones del exterior puedan amenazar nuestra individualidad. El **Hábito 9** nos alienta a completar el círculo aprendiendo a reunirnos con otras entidades que nos rodean, sin perder nuestra identidad ganada a pulso.[3]

Esencialmente, el **Hábito 9** nos exige un cambio de mente. Es distanciarnos de un mundo en donde nos vemos como víctimas de decisiones tomadas en otra parte, donde la causa de los problemas está en otras personas o en cosas "de ahí afuera". Es un cambio de perspectiva: en vez de considerarnos separados del mundo, debemos conectarnos con el resto; es descubrir cómo creamos continuamente nuestra propia realidad y, lo que resulta más emocionante, cómo podemos cambiarla.[4]

Pensamiento sistémico

Hasta ahora, los hábitos han alentado de manera implícita una actitud de investigación sobre cómo afectan nuestras acciones al mundo en el que vivimos y trabajamos. Han rebatido un sistema de creencias que considera que otra persona, u otra cosa, crea los problemas que pueden surgirte. La gente que está sumergida en una perspectiva tan reactiva puede estar profundamente amenazada por la perspectiva sistémica.[5] En cambio, las actitudes que los hábitos han estado desarrollando te permitirán mirar la perspectiva "sistémica" desde una posición de *empoderamiento*: una postura que te permita comprender el significado de la perspectiva y reconocer el potencial para influir.

¿De qué se trata, entonces, este "pensamiento sistémico"? Tendemos a usar la palabra "sistema" con mucha amplitud; hablamos de sistema de creencias, sistemas familiares, sistemas políticos, sistemas económicos, el complejo sistema del entorno natural. Vivimos, de hecho, en un mundo de sistemas. Incluso nos referimos al "sistema educativo de Inglaterra y Gales"; entonces, ¿el pensamiento sistémico trata sobre comprender grandes organizaciones? Bien, aunque puede ayudar a comprender grandes sistemas, es mucho más que eso. Podemos explicar el sistema educativo como una cantidad de partes distintas que se reúnen y actúan como una entidad única. Dentro de esa entidad única, cada una de las partes será en sí misma un sistema; por ejemplo, tu escuela. Y tu escuela estará formada por más sistemas: departamentos, clases, grupos, etcétera. Todos estos elementos se relacionan unos con otros de distintas maneras. Podemos elegir dedicarnos al estudio de alguno de ellos aisladamente, y también podemos intentar comprender cómo funcionan dentro del conjunto más grande.

Un factor clave de un sistema es que se mantiene a través de la intersección de sus partes. *Todas las partes de un sistema dependen unas de otras; todas interactúan*. Piensa en ti mismo como un sistema: estás hecho de conjuntos más pequeños, como el sistema digestivo, el sistema inmunológico, el sistema nervioso y el sistema circulatorio. Cada uno funciona como sistema, pero, si algo sale mal o existe presión en alguno de ellos, afecta al conjunto más grande. Como aprendiste en el **Hábito 3**, el estrés de tu sistema nervioso tiene el potencial para afectar a todos los otros sistemas corporales. El pensamiento sistémico trata, además, de ver las relaciones de causa y efecto como círculos, en vez de verlas como conectadas por líneas rectas. Recordarás del **Hábito 2** el acento puesto en la importancia del *feedback* para el desarrollo del autoconocimiento y de la flexibilidad de la conducta. Si la gente responde positivamente a nosotros, sabremos que nuestro comportamiento cumple su propósito. Pero si encontramos resistencia, adaptaremos nuestra conducta para superarla. Si el ajuste en nuestra conducta es adecuado, entonces la resistencia será superada y el comportamiento de la otra persona cambiará. Se da así un circuito cerrado de *feedback*, en el que el comportamiento de una persona cambia el de otra, y ese cambio se enlaza con el comportamiento de la primera persona, afectándolo también.

Sin embargo, cuando pensamos en sistemas complejos y mayores, el circuito cerrado de *feedback* tal vez no resulte directo o instantáneo. Causa y efecto pueden estar tan separados por tiempo y espacio, que resulta difícil reconocer la conexión. Podemos verlo en la preocupación por el calentamiento global: tras años de emisiones de carbono en el medio ambiente, se ha alcanzado una etapa en la que finalmente se reconoce el daño hecho al delicado equilibrio del ecosistema de nuestro planeta. Ahora que ya poseemos ese *feedback*, es urgente que adaptemos nuestra conducta para disminuir el daño.

Por otro lado, cuando hay un intento de introducir un cambio en el sistema, ya sea grande o pequeño, también puede ocurrir que se produzcan *efectos colaterales* imprevistos. Esto queda claramente demostrado en la brecha entre políticas y aplicaciones: una vez puesta en práctica, una política gubernamental puede tener efectos muy distintos de los que se pretendía en un principio. Podemos ver un buen ejemplo tanto en el causa–efecto con el paso del tiempo como en los efectos colaterales imprevistos en el sistema educativo de Inglaterra. La Ley de Educación de 1988 introdujo el conjunto de reformas de más amplio alcance que haya realizado el gobierno desde 1944. Le siguió una época de grandes desafíos para las escuelas, con nuevos parámetros, nuevas pruebas, nuevas inspecciones y nuevas publicaciones de sistemas de calificaciones escolares. Cuando en 1997 el gobierno conservador de ese momento fue suplantado por un gobierno laborista, en vez de tomar un punto de vista diferente, la nueva administración agudizó el desafío, aunque proporcionando apoyo adicional.[7] Su instructivo *Excelencia en las escuelas* identificaba los altos objetivos con elevar los parámetros de la educación. Los docentes debían continuar tomando las pruebas nacionales a las edades de siete, once, catorce y dieciséis años, y el desempeño escolar, junto con los informes de los inspectores, debía seguir publicándose para bien de la responsabilidad.[8] Si avanzamos rápidamente hasta 2006, descubrimos que se dio un efecto colateral particular de estas políticas a largo plazo, que mucha gente (incluyéndome) predijo. Ofsted, el organismo gubernamental de inspección de Inglaterra, informa que, con respecto a matemática, los docentes generalmente "enseñaban para la prueba", más que capacitar a los alumnos para que alcanzaran una amplia comprensión de sus principios. Así, la presión sobre las escuelas para que elevaran el nivel y el hecho de que la calidad era juzgada según el logro de los alumnos en pruebas nacionales resultó en que se educara a los alumnos para aprobar el examen. Se produjo una reducción de la experiencia educativa, que probablemente los responsables de estas políticas no previeron al comienzo.

Influir en el sistema: Ejercer un estímulo

Cuando hablamos de organizaciones como sistemas, es importante reconocer que no nos referimos a conjuntos que existen fuera de nosotros mismos. Los sistemas fueron creados por la conducta humana, y la estructura es sutil porque somos parte de ella. Y si somos parte de la estructura, entonces a menudo tenemos el poder para alterar las configuraciones dentro de las cuales actuamos.[9] Todo el tiempo presenciamos las pruebas de que los sistemas pueden cambiar o romperse de repente. El cambio puede parecer dramático, porque tal vez aparezca o se inicie a partir de algo muy pequeño. Es como la presión del vapor que se va elevando de la pava hasta que se alcanza el punto de hervor. Puede verse en eventos como la caída del muro de Berlín: se habían acumulado razones políticas y económicas para que esto sucediera, pero el evento en sí fue veloz y dramático. De manera similar, puede ocurrir algo pe-

queño que parezca el colmo, como cuando se acumula el estrés y puede desembocar en que pierdas la paciencia con algo totalmente trivial.[10]

Sin embargo, si existe el principio de que un cambio radical puede desencadenarse a partir de un evento pequeño, entonces debe existir un potencial para iniciar cambios deseados con un esfuerzo relativamente pequeño. Con respecto a esto, existen tres factores importantes para saber cómo y cuándo podemos afectar los sistemas de los que somos parte.

En primer lugar, está la percepción que se puede alcanzar al comprender que hay una *explicación estructural* para los eventos. Entender que el comportamiento es influenciado por lo que ocurre en un nivel superior es la única forma de cambiar una conducta. En el caso de "enseñar para la prueba", por ejemplo, cuando reconocemos que se trata de una conducta producida por razones de estructura, es decir, por la influencia de un sistema político más amplio, podemos comenzar a cuestionar si ese comportamiento encaja con nuestras propias creencias y valores en lo que respecta a la educación. Aún más: el rol del profesional empoderado es compartir su propia percepción y comprensión con otros. Cuando las explicaciones estructurales quedan claras y se comprenden bien, pueden tener un gran impacto.[11]

En segundo lugar, comprender un sistema quiere decir que, además, puedes tomar conciencia del comportamiento que produce el cambio. Los sistemas mantienen una estabilidad, aunque no estén funcionando bien. En la escuela donde trabajas tal vez haya desacuerdos entre el personal, malentendidos entre los distintos departamentos, pero, sin embargo, la escuela como un todo sigue funcionando. El cambio puede ser resistido porque la gente queda atascada en las viejas formas de hacer las cosas y las antiguas maneras de pensar (ver PAUSA PARA PENSAR 23). El precio de la estabilidad es la resistencia al cambio.[12] Si comprendes cómo el conjunto mantiene su estabilidad, también comprenderás los factores clave de la influencia. Como ejemplo, según muchos docentes, ¿quién es la persona más influyente de la escuela, aquella con la que es esencial tener una buena relación? Lo más probable es que la respuesta sea el conserje. En cualquier situación laboral, hacer un esfuerzo para establecer buen entendimiento con quien tiene las llaves puede eliminar estorbos innecesarios. De manera similar, el cambio puede resultar sorprendentemente fácil, si puedes identificar las conexiones adecuadas. En vez de luchar contra la resistencia, saber *dónde* intervenir significa que un esfuerzo menor puede alcanzar un enorme resultado. Éste es el principio de la *palanca*.[13]

En tercer lugar, por más grande o compleja que sea una organización, será mantenida como sistema por la interacción de las partes. Al igual que es importante conocer en qué medida el conserje contribuye a la organización de la escuela, ponerte en una posición de empoderamiento significa saber que todas las otras partes interactúan juntas, que son interdependientes. En mis distintos roles como consultora, investigadora y directora, estoy involucrada en diferentes organizaciones. Por supuesto, podría elegir seguir trabajando en mi computadora, o dentro de los límites de mi colegio, en cuyo caso no tendría un conocimiento de primera mano sobre las conexiones que existen dentro del sistema educativo global. Y perdería lo que O'Connor y McDermott identifican como una regla interesante para influir en los sistemas, particularmente en grupos: "Cuantas más conexiones tienes, más posible es la influencia. *Interconectar da influencia*".[14]

PAUSA PARA PENSAR

> Cuando enseñaba en una escuela secundaria, era responsable de uno de los módulos de un nuevo programa de estudios para un premio en salud y bienestar social. Los alumnos eran un pequeño grupo de muchachos de sexto año, y debían adquirir competencias en comunicación interpersonal y apoyo personal. Cuando comencé a trabajar con el módulo, los alumnos y yo lo discutimos y consideramos distintas maneras para que ellos pudieran

demostrar las competencias adquiridas. Decidimos que, si se establecían como un grupo de apoyo de pares, tendrían una oportunidad de desarrollar las capacidades necesarias. Debían adquirir la capacidad de guiar a alumnos más jóvenes y tendrían que organizarse como un grupo y promover su servicio en toda la escuela.[15]

Me agradó la forma en la que los alumnos se dedicaron al proyecto. Era un estilo diferente del trabajo académico que solían hacer, y lo abordaron con entusiasmo.

Sin embargo, desafortunadamente, en ese primer año, su entusiasmo por ayudar a otros no fue igualado por todos. Los alumnos identificaron a los miembros del personal que necesitaban sumar para establecer la credibilidad de su proyecto. No obstante sus esfuerzos, a menudo encontraron falta de interés y de aliento. Incluso, en una ocasión, su honesto entusiasmo fue ridiculizado por un docente. No es necesario aclarar que yo tuve que esforzarme mucho por apoyar su autoestima y alentar su trabajo.

Tal vez les parezca una historia extraña. El potencial de aprendizaje en los proyectos de tutoría de alumnos es ampliamente reconocido, y los estudiantes de todas las edades son alentados a desarrollar sus capacidades y, así, ayudar a los más jóvenes. Pero mi experiencia fue hace bastante tiempo; y todavía no llegamos al final de la historia.

Hace un par de años, mucho tiempo después de que yo me marchara, para mi gran sorpresa me contactó esa escuela pidiéndome que dictara un día de entrenamiento sobre tutoría estudiantil para alumnos de sexto año. Luego me hicieron otro pedido: ¿podía repetirlo otro día, para que todos los alumnos de sexto año pudieran participar?

¿Y podía regresar el próximo año? ¿Y podía formar a los alumnos de octavo año que se preparaban para dar tutoría a los nuevos alumnos de séptimo año?

Imposible no recordar la experiencia tan distinta de ese primer grupo de alumnos que lucharon para que su proyecto fuera aceptado, y le comenté esto sarcásticamente a un colega de antaño la siguiente vez que estuve en la escuela. "Ah, pero es que estabas adelantada a tu tiempo", me dijo. En realidad, no creo que ése fuera el caso. Pero lo que sí es cierto es que, en ese momento, mis alumnos encontraron una resistencia al cambio tan afianzada, que sus pequeños esfuerzos no lograron cambiar las cosas. No se trató simplemente de que la gente no ayudara, sino que el "mapa mental"[16] de los involucrados no estaba preparado para adaptarse a las nuevas ideas sobre tutoría estudiantil y enseñanza independiente. Cuando estas ideas fueron aceptadas, se produjo el apalancamiento para cambiar las cosas de manera esencial en este sistema escolar particular.

SER EMPRENDEDOR

La comprensión de cómo funciona el sistema proporciona una percepción invaluable. Empodera a los profesionales, si pueden tener la visión para comprender la explicación estructural. Pero, por supuesto, el conocimiento por sí solo no alcanza. El saber únicamente puede dar como resultado gente atascada en modelos mentales limitantes, que utiliza las explicaciones estructurales como la razón para no alcanzar las metas.

En cambio, el *pensamiento* sistémico también significa desafiar las formas de pensar ya existentes. Implica creer que si eres *parte integral* de los sistemas en los que vives y trabajas, entonces, como tal, tienes el potencial para cambiar el sistema, en vez de quedarte con la expectativa de que otros deben cambiar para que la vida se te haga más fácil a ti. Y, por supuesto, esto quiere decir que, además de tener las creencias, debes poseer las habilidades para comprender el potencial de una forma sistémica de pensar.

¿Pero por qué "emprendedora"? ¿Acaso ser emprendedor no tiene que ver con emprender y comenzar un negocio? Así como con

el tiempo cambia el significado de las palabras, también las ideas acerca de lo que es ser un emprendedor se han expandido más allá de la actividad comercial. Ahora se reconoce que "ser emprendedor" es una manera de pensar y comportarse, y que el comportamiento emprendedor no queda confinado únicamente a comenzar y dirigir una pequeña empresa. La gente puede actuar de manera emprendedora en todos los aspectos de la vida,[17] de modo que también podemos considerar esto como un aspecto del comportamiento de un profesional capacitado.

Cuando intentamos establecer lo que diferencia a un emprendedor de la persona promedio, entonces surge una dificultad. A pesar de mucha investigación, no se ha llegado a una definición de la actitud emprendedora con la que todos estén de acuerdo.[18] De hecho, cuando pensamos acerca de emprendedores destacados en los negocios, probablemente llegamos a la conclusión de que no hay un modelo estereotipado. Podemos recordar el ejemplo de Richard Branson: sus distintas aventuras comerciales (desde grabaciones discográficas hasta aerolíneas) y las actividades de alto riesgo que incluyen volar en globos de altitud. O podemos pensar en Anita Roddick, activista que generó nuevas formas de hacer negocios: *The Body Shop* fue fundada a partir de la creencia de que el éxito económico podía combinarse con la satisfacción de los inversores y el cambio social y ambiental.[19]

Incluso si no existe ni un solo modelo evidente, a menudo se sostiene que los emprendedores demuestran ciertas características y patrones de comportamiento. No existe aquí un acuerdo sobre cuántos tipos de conducta existen o sobre la forma que adoptan.[20] Para decirlo de manera simple, siempre he sostenido el punto de vista de que un emprendedor es alguien que puede combinar la percepción para reconocer oportunidades con la habilidad para obtener ventajas de ellas. Y dado que también pienso que estas aptitudes permiten a los docentes altamente eficaces aumentar y extender sus influencias, resulta un ejercicio útil mirar algunos de los atributos asociados con los emprendedores y considerar cómo trazan un mapa que cruza los hábitos (ver FIGURA 19).

9

Existe una falta de consenso entre los investigadores para definir los atributos de los emprendedores, y hay limitaciones para la investigación, sin embargo resulta útil considerar las características que se señalan. La siguiente lista es un ejemplo,[21] y me parece que las cualidades trazan un mapa en gran manera coincidente con mi concepto de profesionalismo empoderado. Algunos quedan implícitos en los hábitos; otros, como el manejo del estrés y la búsqueda de *feedback*, se muestran de manera explícita. Lo más importante es la afirmación del autor en cuanto a los atributos que se pueden aprender o adquirir. Por lo tanto, puede resultarte útil reflexionar sobre tu aprendizaje y desarrollo marcando los casilleros que se aplican a ti en esta etapa de tu adquisición de los hábitos.

A
Tengo confianza en mi capacidad en esta área.

B
Esto se aplica a mí la mayoría de las veces y necesito desarrollarme más en esta área.

C
Me haría bien prestar más atención a esta área.

	A	B	C
Compromiso, determinación y perseverancia totales.	○	○	○
Impulso para lograr y crecer.	○	○	○
Orientación a metas y oportunidades.	○	○	○

	A	B	C
Tomar la iniciativa y responsabilidad personales.	○	○	○
Perseverancia para solucionar problemas.	○	○	○
Sentido del humor.	○	○	○
Buscar y utilizar el *feedback*.	○	○	○
Lugar interior de control (creencia de que el logro de una meta depende de mí y no de los demás).	○	○	○
Tolerancia de la ambigüedad, el estrés y la incertidumbre.	○	○	○
Tomar riesgos calculados y compartirlos.	○	○	○
Baja necesidad de estatus y poder.	○	○	○
Integridad y fiabilidad.	○	○	○
Decisión, urgencia y paciencia.	○	○	○
Enfrentar el fracaso.	○	○	○
Construir equipo.	○	○	○
Mucha estabilidad de energía, salud y emociones.	○	○	○

	A	B	C
Creatividad e innovación.	○	○	○
Mucha inteligencia y capacidad conceptual.	○	○	○
Visión y capacidad para inspirar.	○	○	○

FIGURA 19
SER EMPRENDEDOR

La identidad profesional "activista"

El **Hábito 1** comenzó este viaje hacia el empoderamiento sugiriendo que la identidad era un buen lugar para empezar a pensar sobre ti mismo/a como profesional de la docencia. A medida que los hábitos avanzaron a través de los aspectos del manejo personal, las relaciones con otros individuos y el potencial para liderar grupos, es posible que hayas reconocido la identidad como un concepto complejo y multifacético. Quizás uno de los impactos más grandes sobre la identidad pueda ser el cambio que se da de pensar en nosotros mismos como individuos aislados a vernos como parte de un mundo: comprender cómo el mundo influye en nuestra perspectiva de nosotros mismos, y cómo nosotros influimos en el mundo. Una de las características primordiales de la docencia en el pasado ha sido su individualismo: la mayoría de los docentes enseñaban en una caja.[22] Hoy en día, no podemos permanecer aislados en la clase, desconectados del mundo exterior. Con la velocidad que generalmente tienen el conocimiento, la tecnología y la sociedad para avanzar, nuestros alumnos rápidamente nos reconocerían como dinosaurios.

Entonces llegó la época en la que adoptar los procesos de los negocios y el mercado era considerado por los gobiernos la forma para hacer de las escuelas organizaciones eficientes y eficaces. Como resultado, las consecuencias del manejo de presupuesto, la competencia entre escuelas y la responsabilidad ante los padres y el público impactó sobre la profesión. Una visión social y moral amplia para la educación quedó desplazada, cuando se privilegió un enfoque estrecho, utilitario y obsesionado con los objetivos. Se dijo a los docentes lo que debían enseñar y cómo enseñarlo, y avanzar en la profesión implicaba desarrollar las capacidades para manejar presupuestos y resultados.

El mundo ha avanzado y no podemos volver el tiempo atrás. En cualquier caso, como dije al comienzo, resultaría inadecuado regresar al estilo *"laissez-faire"* de los educadores "progresistas" de la década del setenta.[23] Más bien, la necesidad de responsabilidad nos ha movido a salir de nuestra zona de comodidad en la clase para reconocer el imperativo de trabajar junto con otros profesionales y con los padres, y ser sensibles ante el público en general. Los rasgos de una nueva era potencial quedan destacados en más de una fuente. En primer lugar, está el reconocimiento de que la docencia enfrenta muchos desafíos, ahora y en el futuro, y que los maestros necesitarán una nueva forma de profesionalismo adecuado para la escuela del mañana.[24] Este libro ha sido una forma de respuesta a ese llamado. En segundo lugar, ha habido un reclamo a voces sobre que ahora es vital que la profesión docente funcione junto con el público para convertirse en un movimiento social fuerte de sujetos actuantes que trabajen unidos en pos de mejorar la calidad y el profesionalismo de la docencia.[25]

Un tercer llamado sugiere que llegó la hora de que se produzca este movimiento:

> *Si la profesión docente quiere ser autora de su propia narrativa profesional o de identidad, entonces ahora es, posiblemente, el momento de hacerlo. Hay pruebas de que el mercado ya no resulta la metáfora o estructura adecuada en la cual se desarrollen las políticas y prácticas educativas. Bajo condiciones*

más democráticas, donde el conocimiento y saber del educador son reconocidos y recompensados, la identidad profesional de un docente activista fomenta nuevas formas de compromiso público y profesional, tanto para los mismos docentes como para la población en sentido amplio. La identidad profesional del docente activista alienta nuevas formas de asociación de docentes, entre ellos mismos y con otros. Promueve nuevas prácticas laborales y formas más flexibles de pensamiento sobre la práctica.[26]

Al adoptar los hábitos en relación con su propia autogestión, y con flexibilidad en su pensamiento y comportamiento, los docentes altamente eficientes están bien ubicados para adoptar una identidad profesional de docente activista. Con una comprensión del panorama y las capacidades para ser emprendedores, poseen la confianza personal y profesional para adoptar las actitudes del activismo. Dado que no los disuade el hecho de su experiencia como educadores, pueden establecer una relación más democrática con todos los grupos con los que trabajan: alumnos, colegas, padres, la comunidad en sentido amplio. Aún más, su compromiso con su propio desarrollo significa que pueden ser defensores creíbles de la profesión en general. No lamentan el hecho de no poder ya dejar que las instituciones hagan lo correcto.[27] En cambio, al "negarse a ocuparse de sus cosas",[28] los docentes altamente eficaces pueden actuar con propósito y pasión, no porque desesperen, sino porque tienen esperanza y están activamente decididos a hacer que las cosas sean mejores para sus alumnos.

24 Pausa para pensar

Docentes activistas

Mari descubrió que asistir a un curso intensivo de *Ver la historia y a nosotros mismos*, en Nueva York, cambiaba radicalmente su enfoque de la docencia. Su meta era aprender nuevos métodos para enseñar historia, y cuando experimentó los métodos desde la perspectiva de una alumna, se produjo un impacto enorme en su comprensión, no solamente de la materia, sino también de la forma en que la gente aprende. Utilizando estos métodos, el pasado se convertía en una herramienta para comprender el presente: aprender sobre el Holocausto, por ejemplo, se volvió una lente a través de la que podía reexaminar ciertos rasgos de la vida cotidiana.

Con mucho entusiasmo, Mari adoptó los métodos para enseñar a sus propios alumnos, y regresó por segunda vez para un nuevo curso en San Francisco. La experiencia resultó tan iluminadora que estimuló otro cambio en toda su actitud en cuanto a la docencia. Ahora, si le preguntan qué enseña, en lugar de responder "Historia", preferirá responder que enseña a niños.

Asha aplicó para ser magistrada porque sabía que su grupo étnico no estaba representado en este aspecto del servicio público. Sin embargo, existía una razón mucho más profunda que le resultaba difícil expresar con palabras. Se sentía motivada a "marcar la diferencia", y ésta parecía ser una forma en la que podía contribuir en la sociedad. Asha descubrió que ser magistrada abría sus ojos a las vidas de las personas que previamente habían estado fuera de su experiencia. Logró una perspectiva que la volvió más consciente de cómo la situación de vida de sus alumnos fuera de la escuela podía afectar su aprendizaje. Ahora siente que es más paciente y comprensiva con los alumnos, se siente más empática y hay más probabilidades de que actúe en beneficio de los alumnos, cuando reconoce que es necesaria la intervención de un trabajador social o de la salud.

El contacto con *Reggio Children* hizo que Ángela se diera cuenta de que era parte de una red mundial de docentes comprometidos con reconocer el potencial, los talentos y derechos de los niños. Ángela regresó de su visita a las escuelas de Reggio Emilia en Italia, tras ver cómo los adultos podían vigorizar el currículum y progreso del aprendizaje en los primeros años. Se ponía mucho acento en la importancia de los padres como expertos sobre su hijo, y la meta era hallar formas de trabajar juntos en beneficio de los niños. Al regresar, Ángela y sus colegas comenzaron varias iniciativas para alentar a los padres a acercarse a las escuelas. Se realizan lecciones básicas de aritmética familiar y sesiones de alfabetización en colaboración con *Basic Skills Agency* (agencia de alfabetización del Reino Unido).

Se han establecido días para llevar a los padres a la escuela. Los docentes pueden compartir su conocimiento sobre cómo aprenden los niños en general, para que los padres puedan ampliar su comprensión de las necesidades de aprendizaje de sus hijos.

La inspiración que surgió de la visita de Ángela no quedó confinada a su escuela. Como miembro del sindicato, fue invitada a presentar un taller en una conferencia. Además de presentar las iniciativas que se tomaban en la escuela de Ángela, la conferencia compartió prácticas de Suecia y Nueva Zelanda con la audiencia de profesionales de la docencia. Junto con la conferencia y las oportunidades de formación, para Ángela su participación activa en el sindicato es un medio invaluable de apoyo tanto personal como profesional. Esta participación le implicó mantenerse al día sobre los cambios de política en todos los rangos de edad, proporcionándole una comprensión contextual más amplia que si se hubiera quedado dentro de los límites de su propio sector. En las reuniones de su rama, se alienta

a los miembros a observar las nuevas propuestas de política y plantear preguntas. Y lo más importante para Ángela, existe el estímulo de estar con gente de mentalidad positiva como la suya, que trabaja por el bien de los niños.
Carolina presentó una aplicación para obtener fondos del CPD del Consejo de Gales y así poder unirse al grupo de docentes que visitaban escuelas en Texas. El interés particular de Carolina era el enfoque pastoral de los profesores en las escuelas de Texas que visitarían. Sin embargo, varios aspectos del entorno de las escuelas le produjeron una impresión especial. Además del hecho de que las escuelas tenían mucho más espacio que su propia escuela en Gales, le impactó la cantidad de material de motivación que se exhibía. En cada momento del día escolar, ya fuera en los corredores, el salón de deportes o las clases, los alumnos estaban expuestos a carteles y pancartas, dibujos que los alentaban al aprendizaje y alababan sus logros. Al regresar, Carolina vio su escuela con nuevos ojos. Pudo implantar mejoras inmediatas, pero también descubrió que había efectos a largo plazo de su visita. Frecuentemente comunica su entusiasmo por la inspiración que obtuvo en ese viaje a otros miembros del personal, y así la influencia se expande por toda la escuela.
Pam pronto se dio cuenta de que los eventos del 11 de septiembre no habían ocurrido solamente en otra parte del mundo; las secuelas llegaron a su comunidad de Gales. En las discusiones de clase, Pan y sus alumnos expresaron su preocupación de que los miembros de la comunidad local de musulmanes experimentaran abusos extremos y que las burlas racistas se hubieran vuelto comunes en la escuela. Querían dar algún paso de acción positiva para contrarrestar el prejuicio y la intolerancia religiosa.
A Pam se le ocurrió la idea de una pulsera, algo que fuera divertido llevar puesto, pero que tuviera también un simbolismo que atrajera a las mentes de los más jóvenes. La Pulsera de la Paz (*Peace Mala bracelet*) fue creada

como una representación sencilla de que las religiones del mundo conviven unas junto a otras en armonía, y que su mensaje general es de unidad, armonía y paz. Las primeras pulseras fueron hechas por los alumnos de Pam y resultaron tan exitosas que recibieron una beca de 15.000 libras del *Prince's Trust Millennium Award* para continuar con un proyecto juvenil que promoviera la paz, la tolerancia y el respeto en su comunidad. Recibieron el apoyo de gente tan importante como el papa Juan Pablo II y el Dalai Lama, y la pulsera se ha convertido en una herramienta de enseñanza en la escuela de Pam y las escuelas vecinas de Gales, en Londres y en las Islas Shetland.[29]

Conclusión

Los docentes altamente eficaces son visionarios: ven el potencial de sus alumnos y tienen la energía y el entusiasmo para ayudarlos a alcanzarlo. Reconocen que sus alumnos serán "ciudadanos globales" en el futuro y ven que su tarea es darles una preparación educativa amplia, que los equipe para ser ciudadanos de un mundo cada vez más pequeño.

Por otra parte, reconocen que no pueden trabajar aislados. Son capaces de comprometer de manera constructiva a padres, colegas y otros profesionales para lograr su amplio propósito educativo. Pueden elevar su perspectiva desde los estrechos confines de su escuela y ver su rol como profesionales de la educación en los contextos de su comunidad local y su sistema educativo nacional, una red global de profesionales de la enseñanza.

Los docentes altamente eficaces también tienen una visión de sí mismos como profesionales dentro de un contexto global. Para ellos, los muros de la escuela son permeables. Buscan comprender las presiones e influencias que se ejercen sobre ellos desde fuentes exte-

riores a la escuela, sin resentirse ni considerarse víctimas de fuerzas que exceden su control. Pretenden ampliar su conocimiento de la investigación y práctica educativa, no sólo para mejorar su propia práctica en la clase, sino para poder ser contribuyentes informados de una red global de practicantes de la docencia.

> **Reflexión: Sobre la reflexión**
> Todos los procesos creativos exigen un pensamiento y una reflexión: la inspiración no surge de ninguna parte; debe haber un período de incubación que permita que las ideas florezcan y crezcan.
> Al igual que un jardinero, puedo reconocer que un florecimiento y crecimiento exitosos no dependen solamente del trabajo físico involucrado; hay que dedicar muchos pensamientos a planear y mantener el jardín. Un jardín es una vida compleja y dinámica en sí misma. Cada día es distinto, a medida que el jardín responde a las estaciones y los cambios de clima.
> Solía impacientarme con mi jardín. Me llevaba a casa alguna planta especialmente valiosa y esperaba que estallara en un crecimiento hermoso en forma inmediata. Sufrí varias desilusiones cuando las plantas no marcharon tan bien como esperaba, y cuando simplemente se morían. Luego tuve que volver a examinar la situación: la tierra era la equivocada, no la había alimentado bastante, demasiada agua, poco agua, el lugar erróneo, demasiado sol, poco sol...
> Ahora he aprendido que el éxito de la jardinería se encuentra tanto en pensar sobre eso como en la acción física que involucra. A menudo paso un tiempo observando la plantación: considero si el equilibrio general sería mejor si moviera ciertos arbustos;

identifico qué plantas necesitan un poco de atención y nutrición adicional. Por supuesto, he aprendido de otras personas también. He leído lo que dicen los expertos y he preguntado sobre sus experiencias a amigos y colegas que son jardineros talentosos. Lo mismo ocurre con nuestro desarrollo personal y profesional. Igual que mi jardín responde al cambio exterior, así respondemos nosotros a los cambios en nuestro ambiente laboral. Como el jardín necesita dirección para prosperar, también nosotros necesitamos dirigirnos para manejar con éxito los cambios. Igual que en la jardinería se necesita pensar antes de actuar, también nosotros necesitamos utilizar la reflexión como una herramienta esencial para nuestro crecimiento y avance.

La reflexión ha sido parte integral de los hábitos. Esto es importante, porque si no nos tomamos el tiempo para considerar nuestro propio desarrollo, podemos descubrir un día que nuestro crecimiento ha quedado atrofiado. Con la reflexión llega el aprendizaje, y como docentes debemos guiar a los alumnos con los que entramos en contacto.

Al igual que mi jardín completa el círculo con las estaciones, este libro completa el círculo para utilizar los grados de pensamiento y experiencia que aparecieron en el **Hábito 1** como herramienta de reflexión. Primero, describí cómo los niveles involucran distintas partes del cerebro, tienen una base *neurológica*. Con la experiencia de haber pensado los hábitos, esta vez pueden tener otro sentido (tal vez parezcan lógicos).[30] Mi jardín nunca es el mismo cuando llega la nueva estación; del mismo modo puedes descubrir que aportas nuevas perspectivas y experiencia al considerar otra vez los niveles. Esta vez, sugiero que comiences en el nivel más bajo del medio ambiente (y tengo una razón especial para esto).

Medio ambiente
Mira de nuevo el medio ambiente inmediato de tu docencia. Comprueba si te aísla del mundo o si el gran mundo queda reflejado en tu entorno inmediato. Reconoce que el medio ambiente de la docencia es un microcosmos del gran cosmos. Reconoce también que el aprendizaje se produce en todos los contextos, y todos los contextos del aprendizaje deben ser reflejados en el medio ambiente docente.

Comportamiento
Piensa en cómo tu conducta crea e influye en tu entorno. Reflexiona las respuestas que te dan tus alumnos, colegas y padres. Utilízalas como *feedback* para saber si tu comportamiento es adecuado al propósito y capaz de alcanzar resultados productivos. Reconoce que tu conducta no es quién eres; es algo que puede cambiarse y adaptarse.

Capacidad
Comprende que el comportamiento no siempre es una respuesta reactiva a los estímulos externos, sino que recibe la influencia de tu percepción mental. Ten la capacidad de reconocer que tu conducta no tiene que estar predeterminada por la experiencia pasada, sino que es flexible y puede ser adaptada en respuesta a una amplia gama de situaciones. Reconoce las oportunidades de aprendizaje y desarrollo cuando se presentan, y sé capaz de tomar ventaja de ellas. Toma iniciativas que mejoren tu habilidad profesional y acepta la responsabilidad personal por sus resultados.

Creencias y valores
Admite que los juicios fundamentales que sostienes sobre ti mismo y el mundo que te rodea apuntalan y dirigen tu comportamiento. Expresa tus convicciones

y valores como forma de comprobar que tu conducta está alineada. Comprueba también que la misión de la organización en la que trabajas está alineada con tus propias creencias y valores, y de ellos obtén la inspiración que te permita desafiar las desigualdades e inconsistencias, así como la motivación para ser creativo e innovador en la práctica de tu profesión.

Identidad

Ten un sentido claro de identidad profesional en tu relación con la gente con la que estás en contacto: alumnos, colegas, padres. Experimenta tu identidad profesional como parte de una amplia agenda profesional con la que te comprometes, y utilízala para modelar las creencias y los valores que tienes con respecto a la educación.

Por último, la razón para comenzar por el nivel inferior es que ahora podemos también considerar un grado más (a veces llamado nivel espiritual). Éste implica el sentido de ser parte de algo que está más allá de nosotros mismos. Ser un profesional empoderado nos desafía a pensar de qué manera podemos vernos como parte de un movimiento educativo más amplio. En este nivel podemos pensar en tener una visión y una misión para nuestra vida profesional, que eleven nuestra experiencia más allá de la rutina diaria.

¿Cuál será tu visión?

¿Y cómo harás para lograrla?

Notas

1 Arquímedes en *Pappus Synagoge*, libro 8, proposición 10, sec. 11.
2 Day, 2000.
3 Csikszentmihalyi, 1990, pp. 239-240.
4 Senge, 1990, pp. 12-13.
5 *Ibid.*, p. 12. También creo que mi noción de "empoderamiento" está cerca del "dominio personal" de Peter Senge: "El dominio personal es la disciplina de clarificar y profundizar continuamente nuestra visión personal, de concentrar nuestras energías, de desarrollar la paciencia y de ver la realidad objetivamente" (Senge, 1990, p. 7).
6 He extraído ampliamente de la exposición clara y coherente de pensamiento sistémico de O'Connor y McDermott, 1997.
7 Barber, 2001.
8 Aunque el sistema educativo del Reino Unido cubre Inglaterra y Gales, desde que se estableció la Asamblea de Gales, Gales desarrolló gradualmente un sistema educativo únicamente galés. Una de las diferencias es que sus escuelas ya no toman una prueba nacional de nivel (SAT) al finalizar la etapa clave 1 ó 2, sino que confían en una evaluación de los maestros. Además, no se exige que las "tablas de liga" de los resultados escolares sean publicados en toda la nación.
9 Senge, 1990, p. 44.
10 O'Connor y McDermott, 1997, p. 19.
11 Senge, 1990, p. 53.
12 O'Connor y McDermott, 1997, p. 18.
13 *Ibid.*, p. 21.
14 *Ibid.*, p. 15.
15 Para encontrar un relato de cómo funcionó el proyecto, ver Turnbull, 2004.

16 Ver **Hábito 1**.
17 Kirby, 2003, p. 112.
18 Anderson y Woodcock, 1996, p. 12.
19 www.thebodyshopinternational.com.
20 Kirby, 2003, p. 108.
21 Adaptado de Timmons et al., 1985; también citado por Kirby, 2003, p. 108.
22 Hargreaves, 2000, p. 160.
23 Turnbull, 2004.
24 Furlong, *et al.*, 2006, p. 23.
25 Hargreaves, 2000.
26 Sachs, 2003, p. 135.
27 Saul, 1995.
28 Hargreaves y Fullan, 1998, p. 107.
29 www.peacemala.org.uk, Hughes, 2004.
30 Dilts, 1990, http:/nlpuniversitypress.com.

Conclusión general

Los docentes necesitan confiar en el conocimiento de su materia y tener una gran capacidad para la docencia, y todo esto sigue siendo algo básico. Pero existen razones para que estos aspectos por sí solos no se equiparen con un profesional docente empoderado en el siglo XXI. Como hemos avanzado hacia una sociedad del conocimiento, en la que el cambio social y tecnológico es ahora un factor constante, tenemos que cuestionar si las antiguas ideas sobre lo que implicaba ser un docente, y ser un profesional, son ahora relevantes a nuestro mundo moderno. La profesión docente no puede permanecer aparte del movimiento social general que requiere el perfeccionamiento del profesionalismo de maneras más democráticas y con principios.

Este libro ha buscado identificar las capacidades personales que los docentes necesitan para demostrar su capacidad profesional y potenciarse a sí mismos y a otros. Esto se relaciona con mi propia creencia en un propósito social más amplio y moral para la educación: un propósito que trasciende el foco utilitario y estrecho que se pone sobre los resultados ordenados. El enfoque en los objetivos ya ha sido intentado y, sin embargo, en el Reino Unido sigue habiendo demasiados niños que no logran los parámetros básicos de alfabetismo que les permitan vivir como ciudadanos plenamente funcionales. Un propósito más abarcador significa reconocer que los docentes no están meramente enseñando una materia; están dando la posibilidad a niños y adultos jóvenes de adquirir el conocimiento esencial, las capacidades y las actitudes que los preparen para vivir como ciudadanos productivos y plenos.

Si tenemos una responsabilidad personal en esta "agenda", buscaremos alianzas con los padres, los profesionales y quienes formulan las políticas para buscar la cooperación que nos permita alcanzar esta visión. Si forjamos lazos con nuestros colegas docentes, local y globalmente, en el fomento de esta visión, favoreceremos la credibilidad de nuestra profesión. Si podemos lograr la congruencia y el control, podremos potenciarnos profesionalmente y potenciar a otros para que se unan a nosotros en pos del potencial esencial de la educación y la profesión docente.

Apéndice 1

Presuposiciones de la Programación Neurolingüística (PNL)

Las presuposiciones de la PNL son un conjunto de principios que apuntalan el modelo. Son como un sistema de creencias, no necesariamente afirmaciones verdaderas, pero si crees que son verdad, son capaces de lograr un cambio en tu vida y comportamiento. No parece haber una lista definitiva, ya que existen leves variaciones de acuerdo con el libro que leas. Debajo aparece la versión utilizada en este libro.

El cerebro y el cuerpo son parte del mismo sistema cibernético HÁBITO

Nuestro cerebro y nuestro cuerpo forman un circuito cerrado de *feedback*, y se influyen mutuamente.
La acción o el cambio en uno de ellos afectará al otro. Por ejemplo, si nos experimentamos como personas profesionales confiables, nuestra conducta física reflejará este pensamiento. Si "actuamos como si" conduciéndonos físicamente de manera segura, nuestro cerebro aceptará la información de nuestra fisiología. La forma más veloz de cambiar la forma en que pensamos y sentimos sobre nosotros mismos es adoptar una conducta física representativa de los pensamientos y sentimientos a los que aspiramos.

El mapa no es el territorio HÁBITO

Construimos nuestro propio mapa mental interno de nuestro entorno exterior. Nuestra percepción llega

a nosotros a través de nuestros sentidos y pasa
a través de una serie de filtros que nos permiten elegir
y clasificar la vasta cantidad de información a nuestra
disposición por medio de procesos de supresión,
distorsión y generalización. Dado que nuestro propio
mapa es único para nosotros por las influencias
externas e internas sobre nuestra personalidad, nuestra
versión de la realidad será única. Igual que un mapa
de caminos es una representación del verdadero
camino, nuestro mapa mental es nuestra
representación personal de la realidad.

Si siempre haces lo que siempre has hecho, siempre tendrás lo que siempre tuviste   HÁBITO 2

Si sigues pensando y comportándote de la misma
manera, obtendrás los mismos resultados. Es más fácil
cambiar tu propio pensamiento y comportamiento
que el de otra persona. Entonces, si quieres
un resultado diferente, debes cambiar tú.

El significado de tu comportamiento es la respuesta que obtienes   HÁBITO 2

La comunicación implica enviar mensajes y que exista
feedback. Nuestra intención al comunicarnos puede
no siempre ser percibida de manera adecuada por otra
persona. Si no obtienes la repuesta que esperabas,
es una indicación de que tu intención no ha sido
reconocida. Por lo tanto, debes hacer algo de manera
diferente para que tu intención sea más clara.

No hay fracaso, sólo *feedback*   HÁBITO 2

Una "reformulación" mental importante
es mirar todas las experiencias de la vida como
oportunidades de aprendizaje.

La resistencia en otra   HÁBITO ❺
persona es señal de carencia
de buen entendimiento
No existe la "gente complicada", sólo gente con quien todavía no has creado buen entendimiento.

Aumenta la flexibilidad de tu   HÁBITO ❺
comunicación, y la resistencia desaparece
Adaptar tu propio comportamiento superará la resistencia.

La persona con mayor flexibilidad   HÁBITO ❽
controlará el sistema
Esto se origina en el pensamiento sistémico y es conocido como la "ley de variedad requerida".[1] En cualquier sistema, humano o no, la parte que puede adoptar la mayor flexibilidad será la parte más eficaz.

Apéndice 2

Zona de confort de pensamiento único

Si has conseguido más A, tu zona de confort es auditiva. Prefieres procesar tu pensamiento con sonidos. Aprendes mejor cuando hablas las cosas con alguien y escuchas lo que alguien tiene para decir. Existe mayor probabilidad de que algo te convenza si te lo dice alguien, que si lo lees en un libro. Como es tu propia preferencia de aprendizaje, probablemente le darás a tu clase muchas instrucciones verbalmente, con la expectativa de que te escuchen. Serás consciente de la forma en que tus alumnos dicen cosas, al igual que del contenido de lo que están diciendo.

Si has logrado mayoría de B, tu zona de confort es visual. Tu proceso de pensamiento implica crear imágenes en tu mente o cuadros visuales para recordar eventos pasados. Comprendes mejor las cosas cuando "te haces una imagen" en tu mente. Hablas más rápidamente y, como tienes la imagen de lo que estás diciendo en tu cabeza, puedes saltearte los detalles. Tus alumnos tal vez noten tu tendencia a usar mucho tus manos cuando hablas; ésa es tu forma de describir las imágenes que están en tu mente. Probablemente, cuando enseñas usas muchas ayudas visuales y tienes muchos carteles e imágenes en las paredes de la clase.

Si has logrado más C, tu zona de confort es sinestésica. Procesas tu pensamiento a través de sensaciones y movimientos corporales. Debes estar en contacto con el mundo físico que te rodea. Esto puede ocurrir ya sea tomando notas o moviéndote. Usas tu sentido de la intuición para comprobar si las cosas son correctas o incorrectas. Normalmente hablas con lentitud y respiras profundamente. A veces piensas que te lleva más tiempo que a otras personas comprender las cosas. Te agrada brindar a tus alumnos espacio para moverse, y recurres frecuentemente a actividades grupales.

Es posible que demuestres preferencia por una zona de confort de pensamiento o tal vez tus puntuaciones están divididas entre las tres. Si muestras una preferencia, piensa si tu zona de confort de pensamiento se trasluce en tu estilo para trabajo. ¿Puedes adaptar tu estilo para incorporar los distintos estilos de tus alumnos? ¿Puedes ser más flexible para "atrapar" a los alumnos que tal vez tengan distintas zonas de comodidad de pensamiento que las tuyas?

NOTA

1   Ashby, 1956.

www.ingramcontent.com/pod-product-compliance
Lightning Source LLC
LaVergne TN
LVHW021804060526
838201LV00058B/3230